Origami pour les enfants

Young Scholar

Young Scholar
An imprint of Ciparum LLC

Origami pour les enfants
© 2017 Ciparum LLC
All rights reserved.
ISBN-10:1-63589-511-1
ISBN-13:978-1-63589-511-7

www.youngscholar.co

Origami pour les enfants

Table des matières

Ours

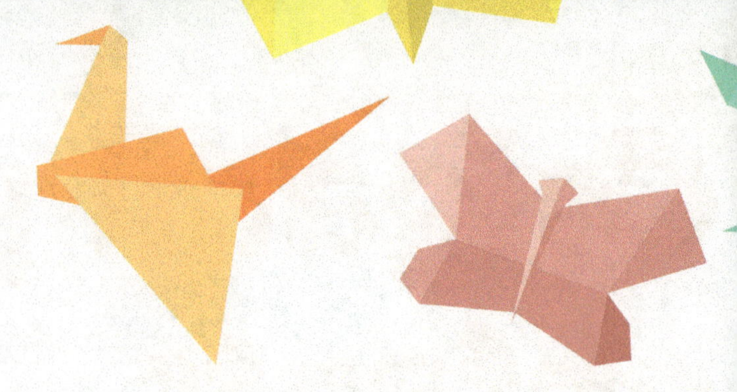

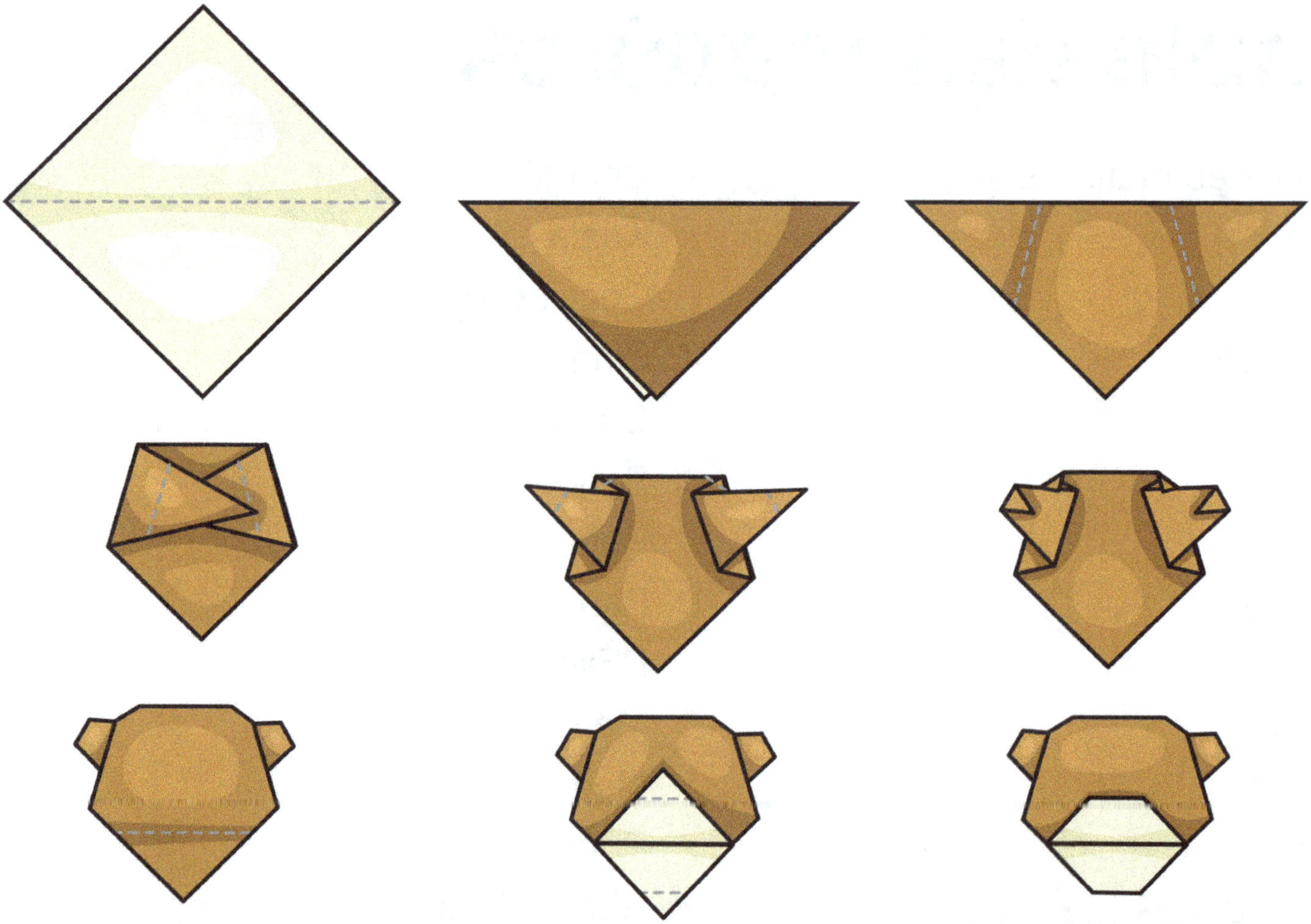

Bear

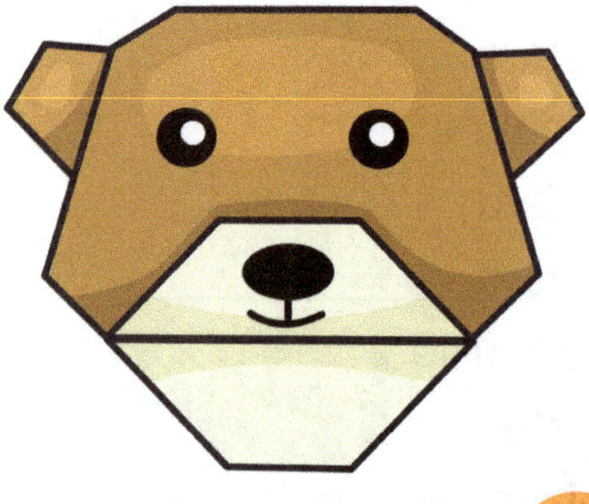

Abeille

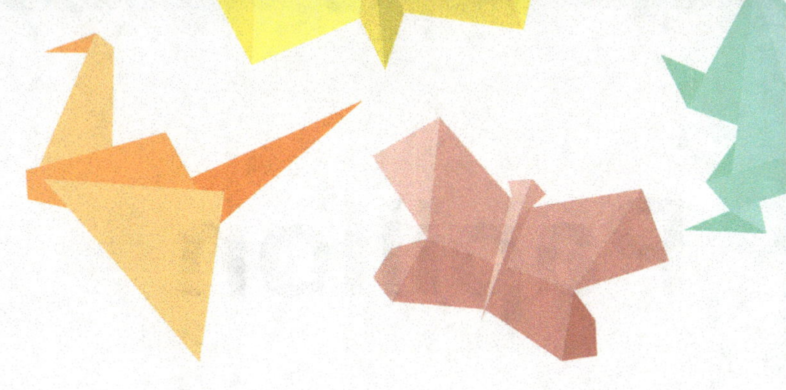

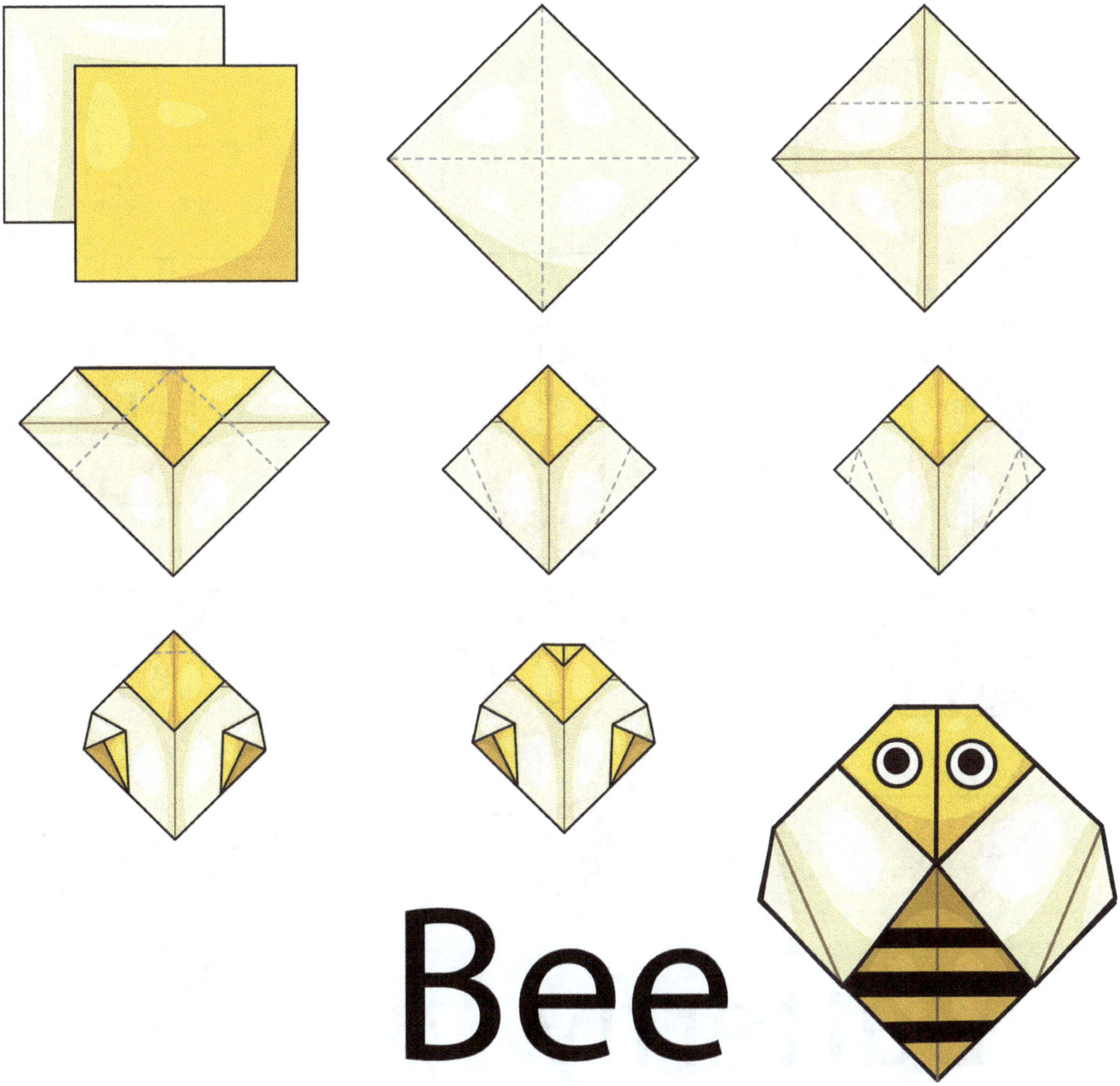

Bee

Papillon

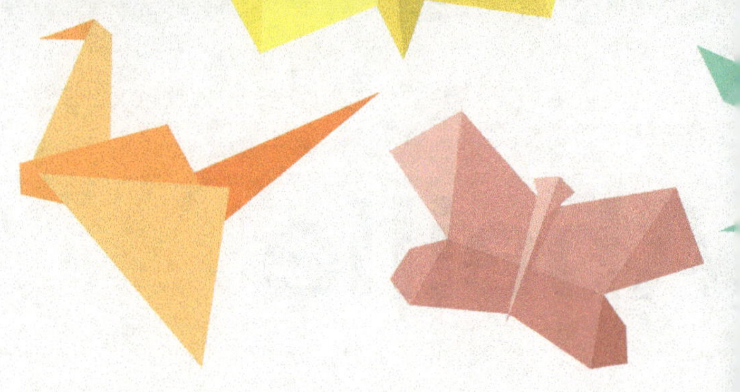

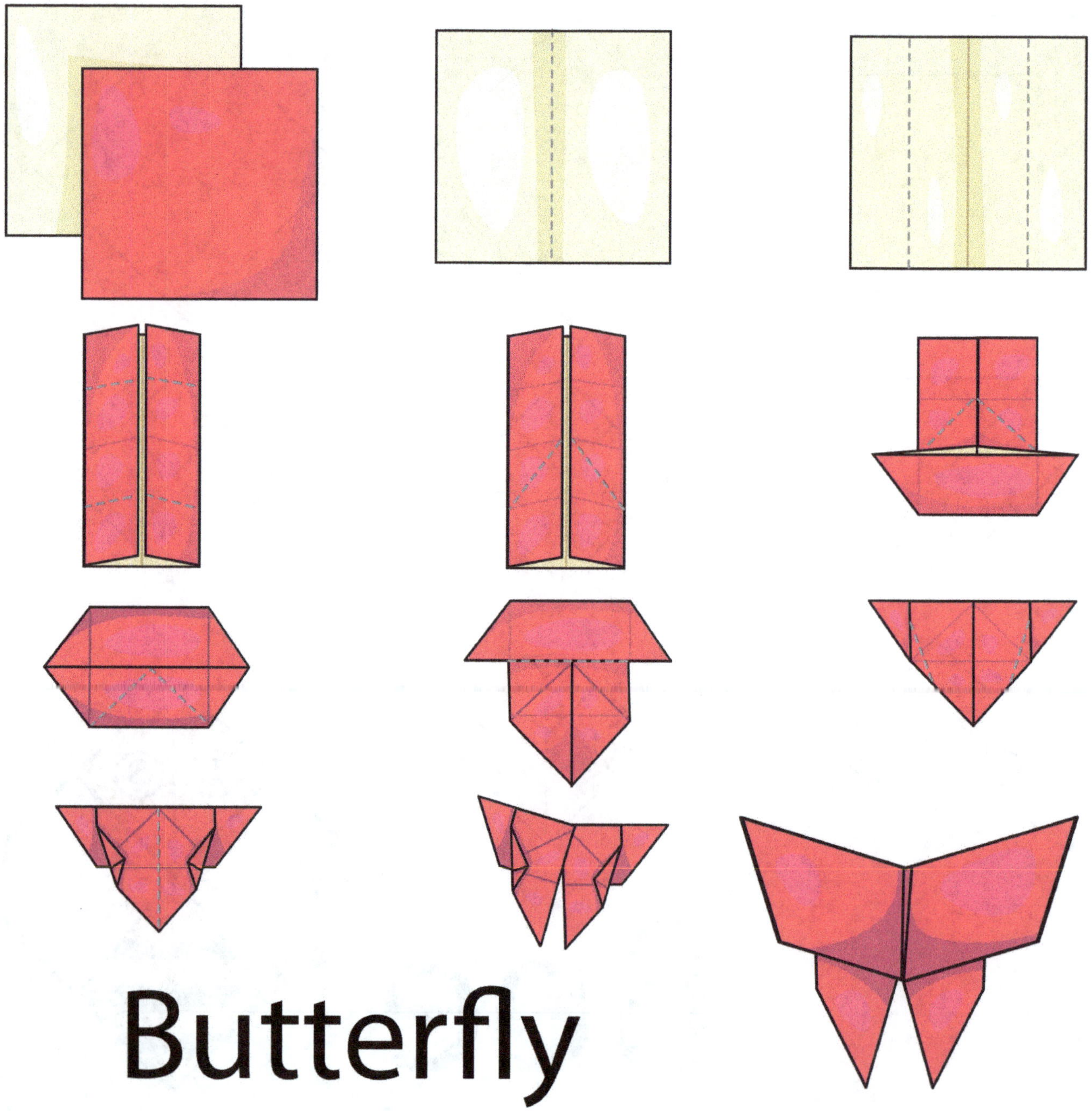

Butterfly

Chat

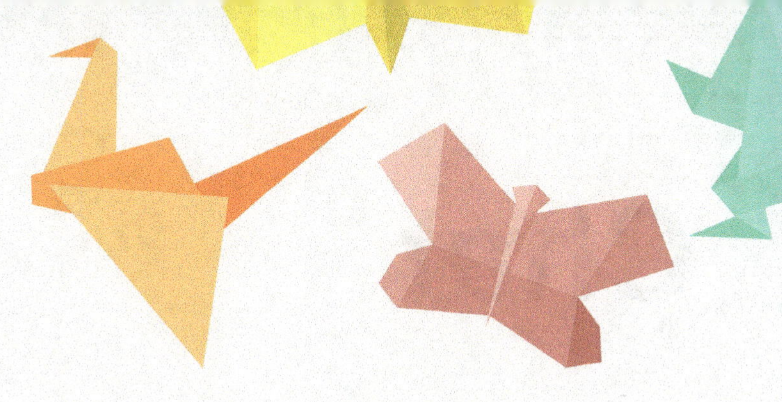

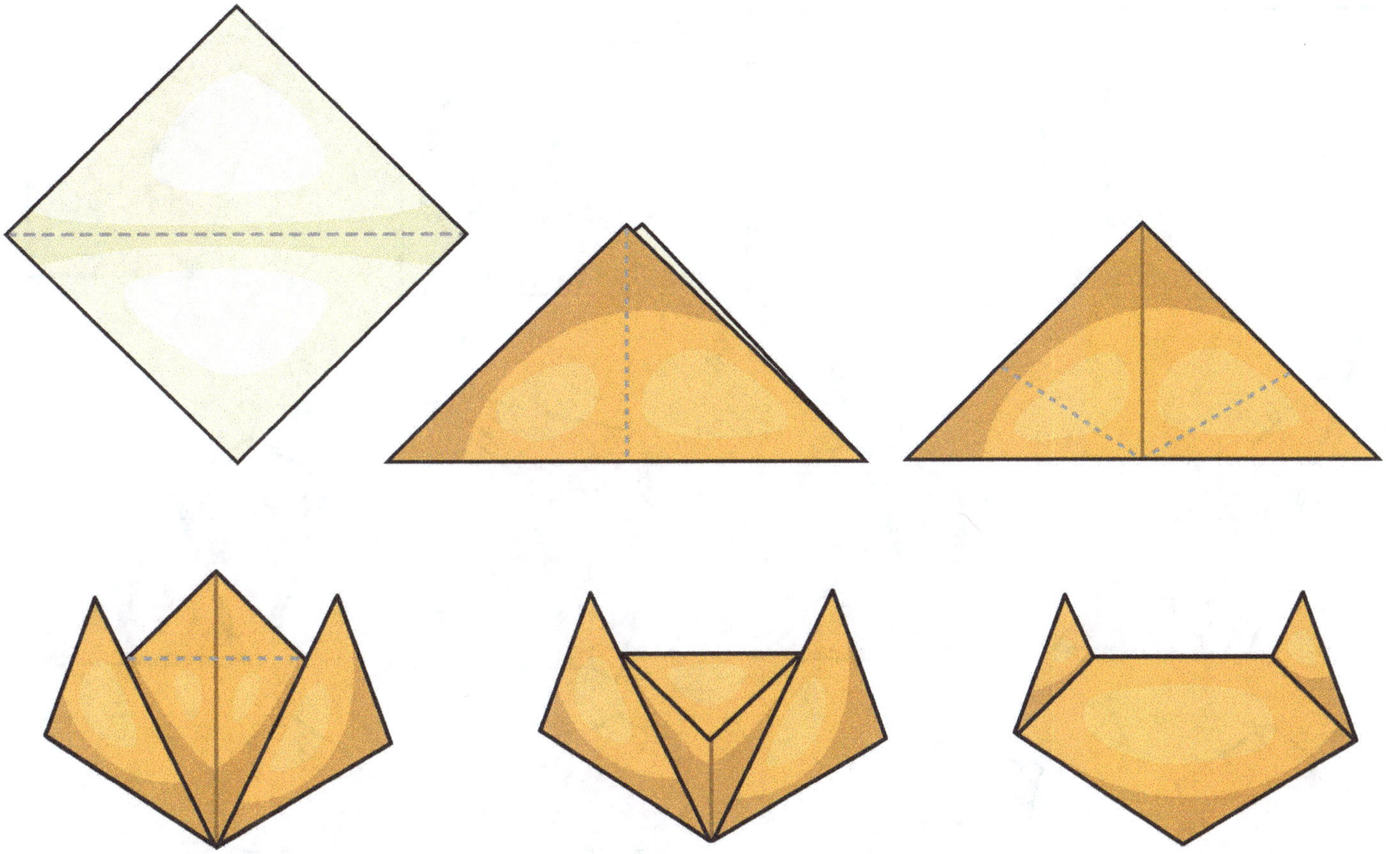

Cat

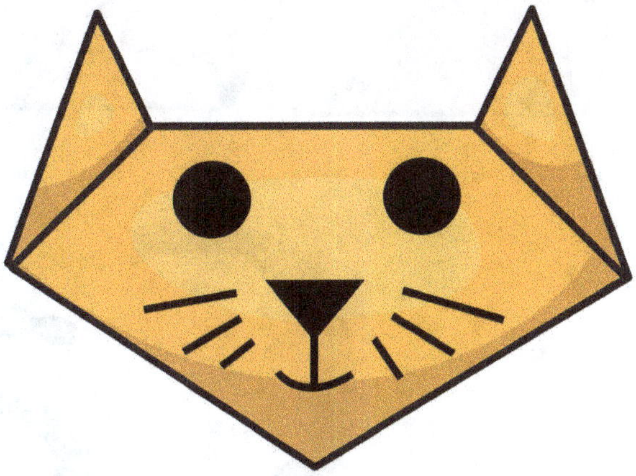

Chat

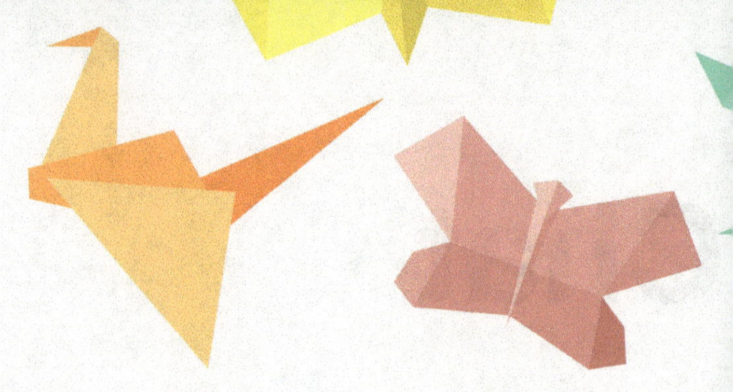

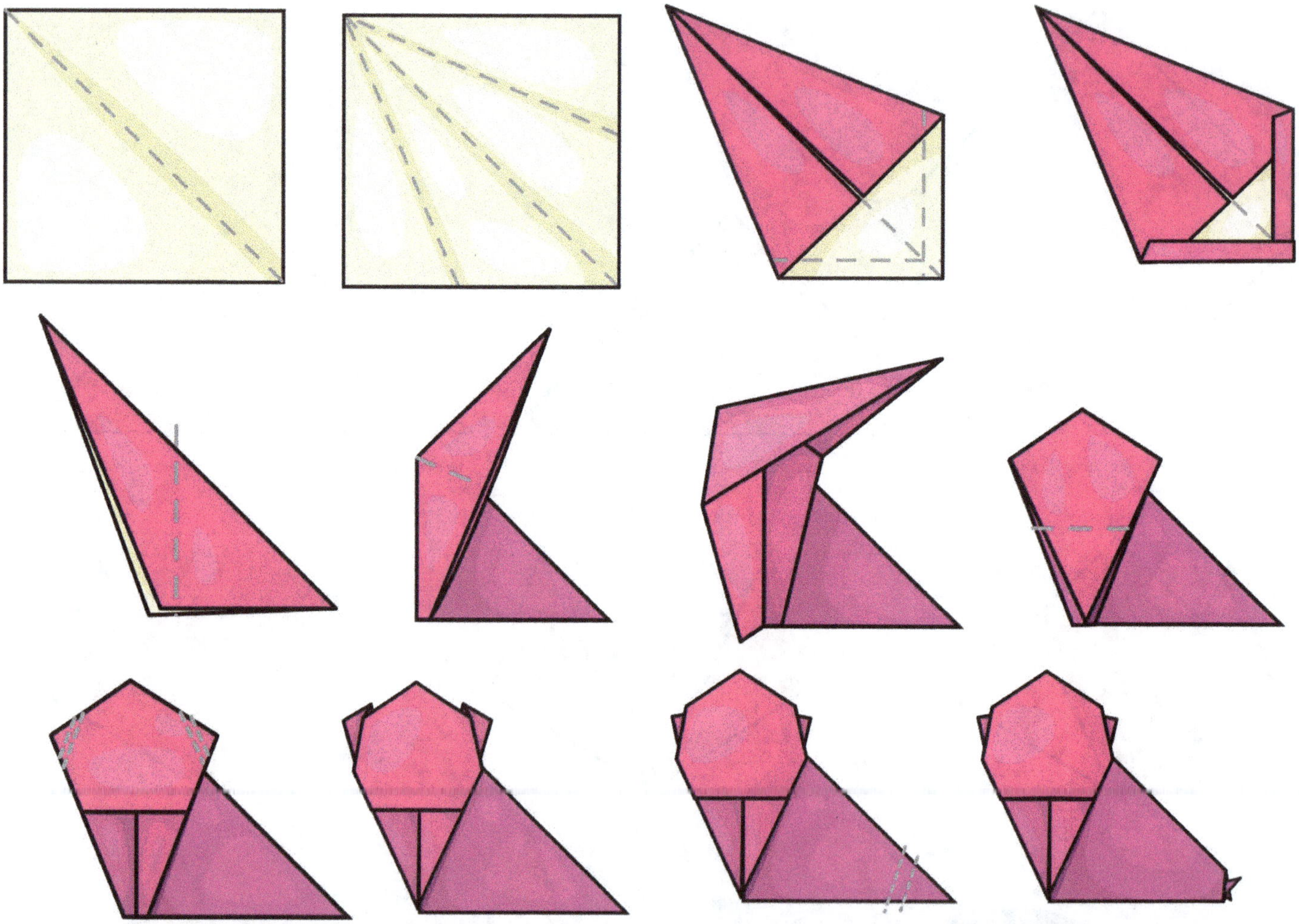

Cat

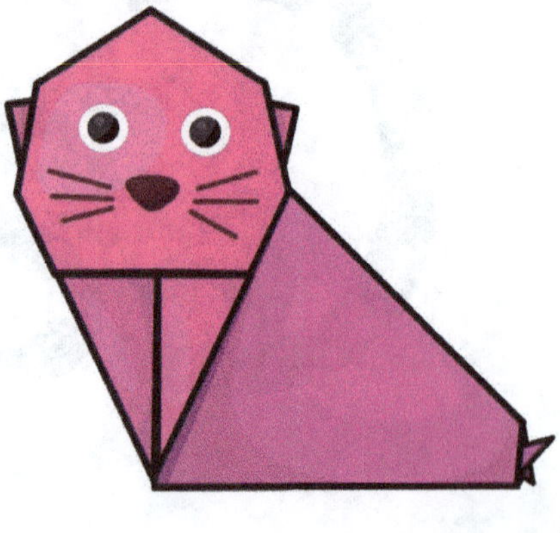

Poussin

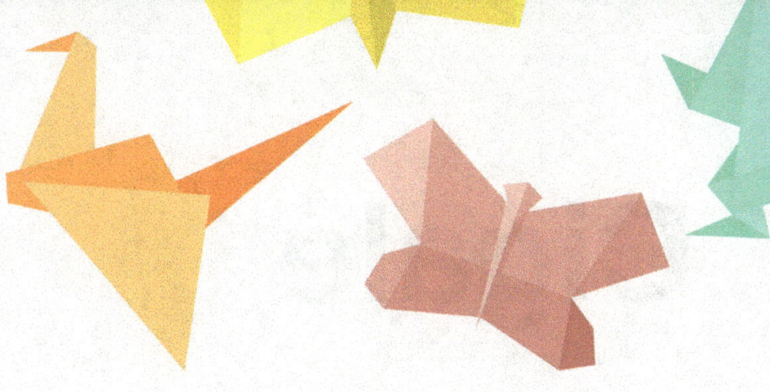

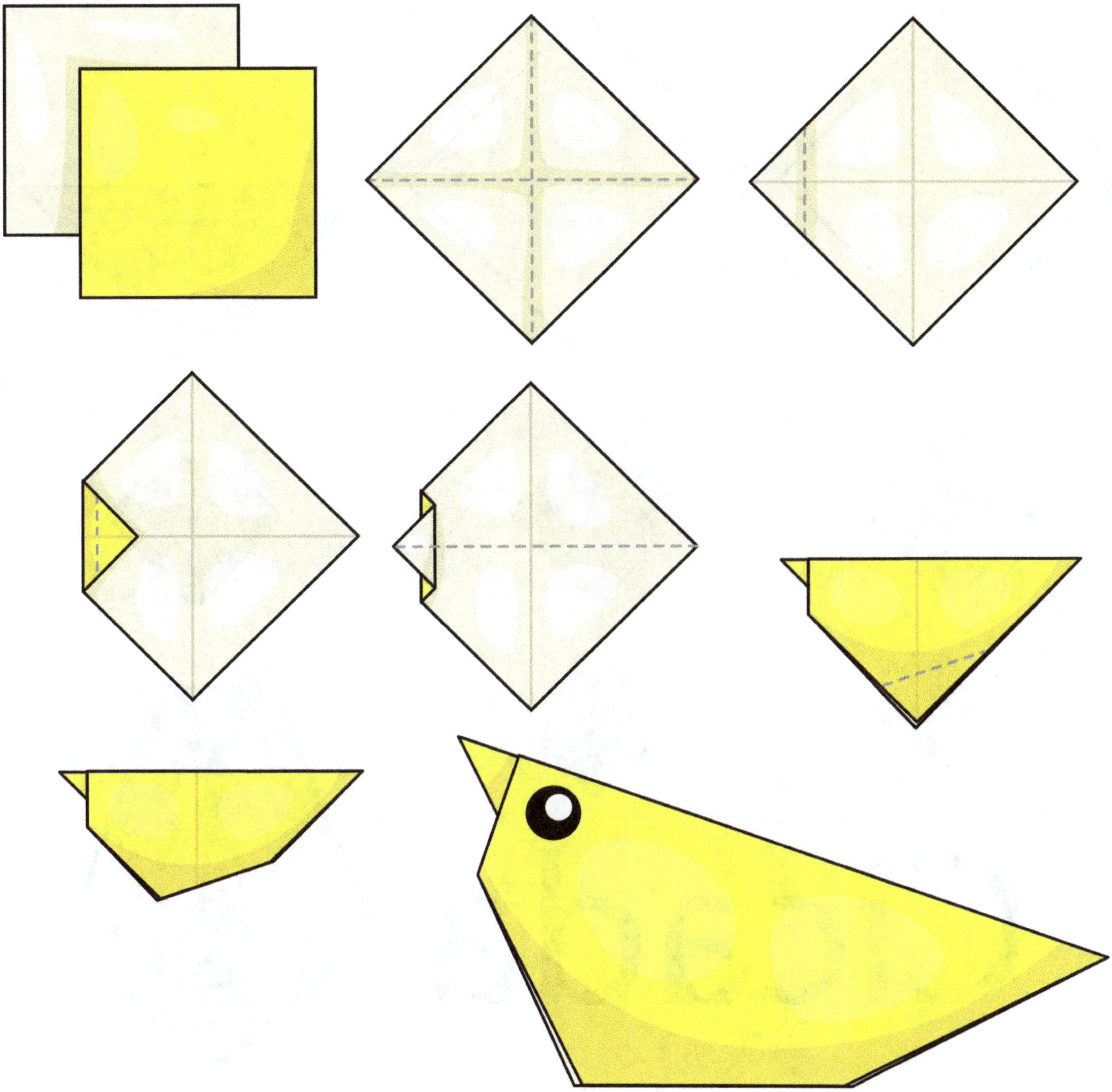

Cigale

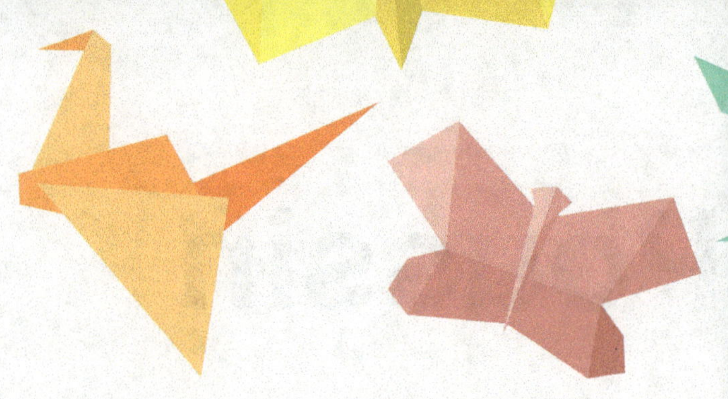

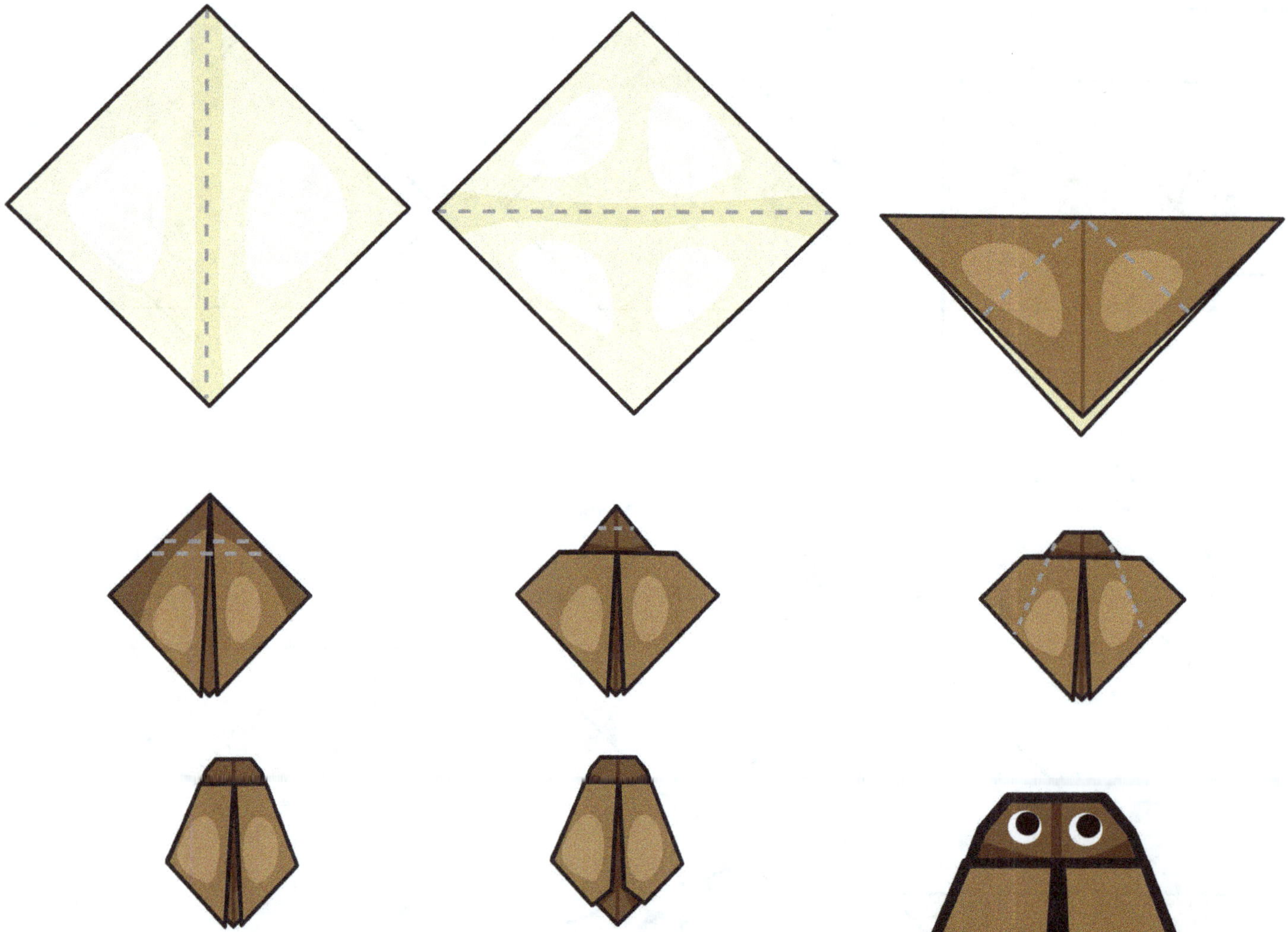

Cicada

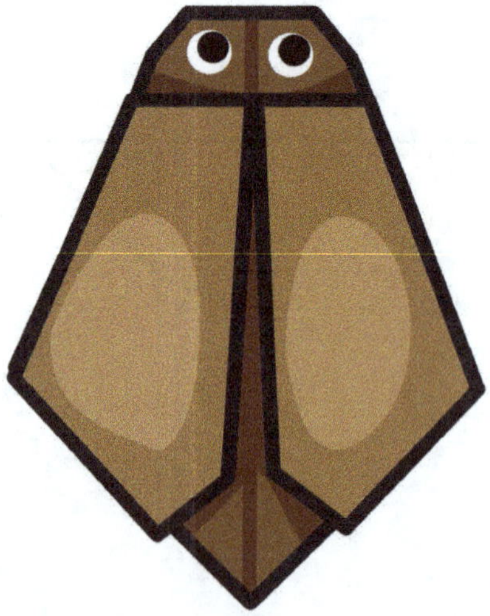

Vache

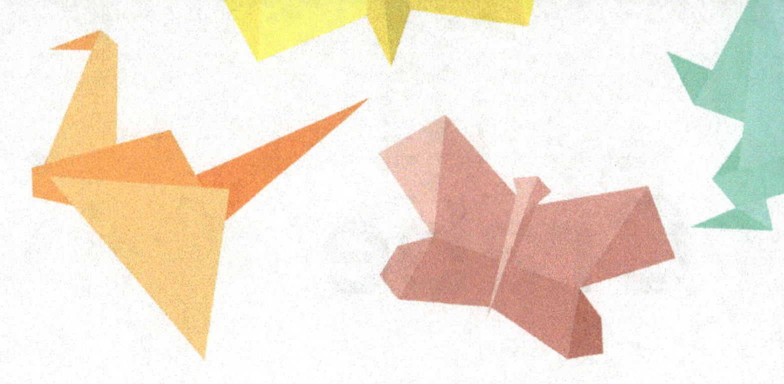

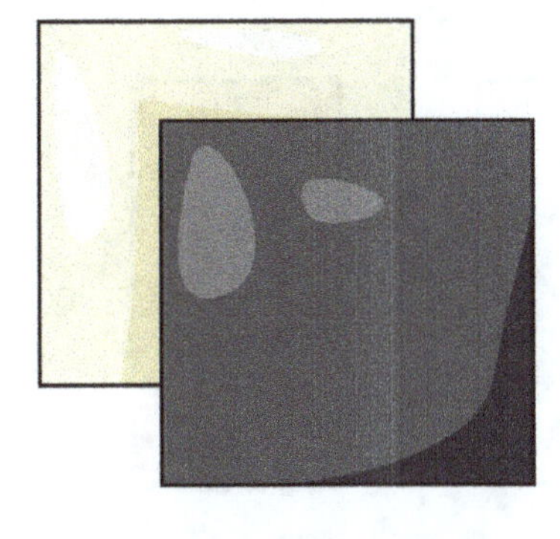

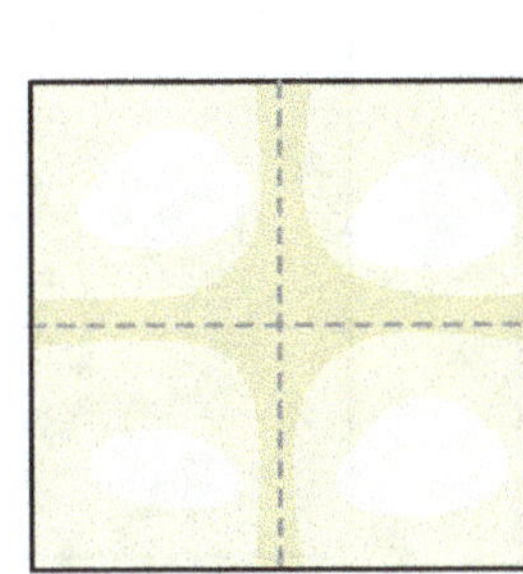

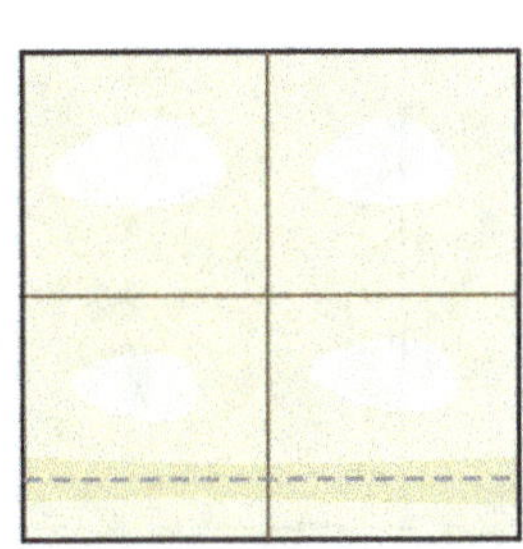

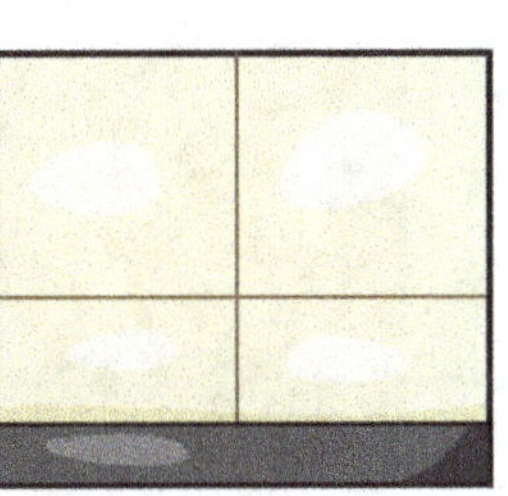

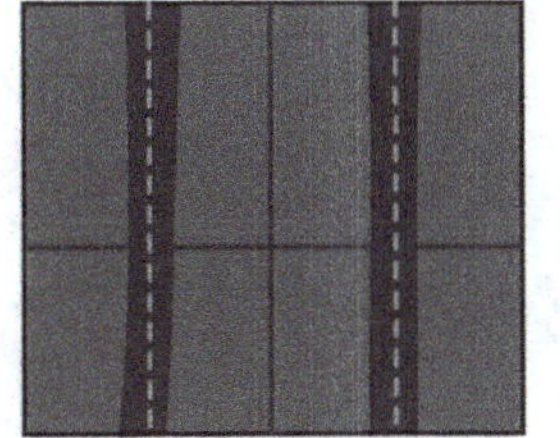

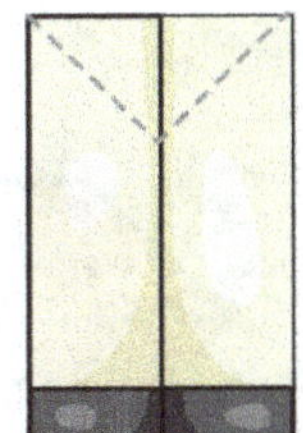

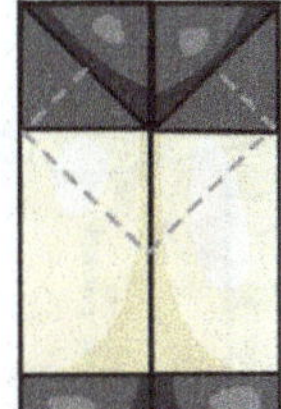

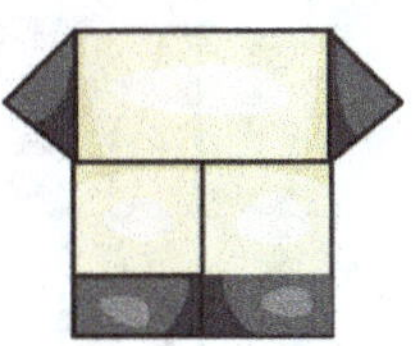

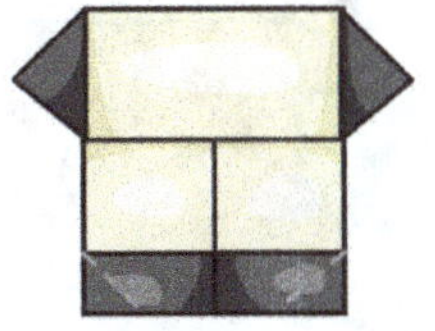

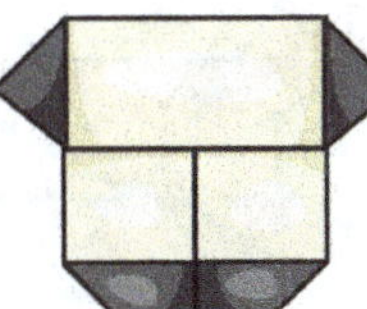

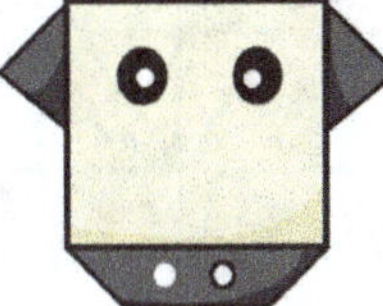

Cow

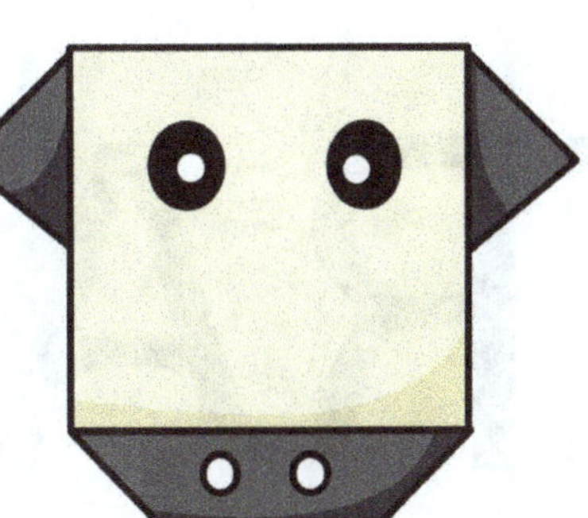

Crabe

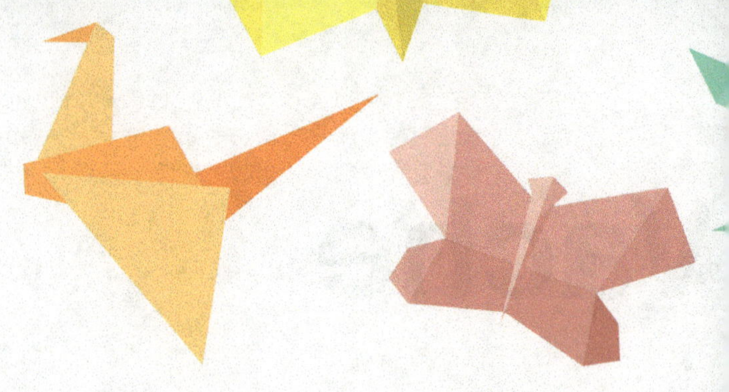

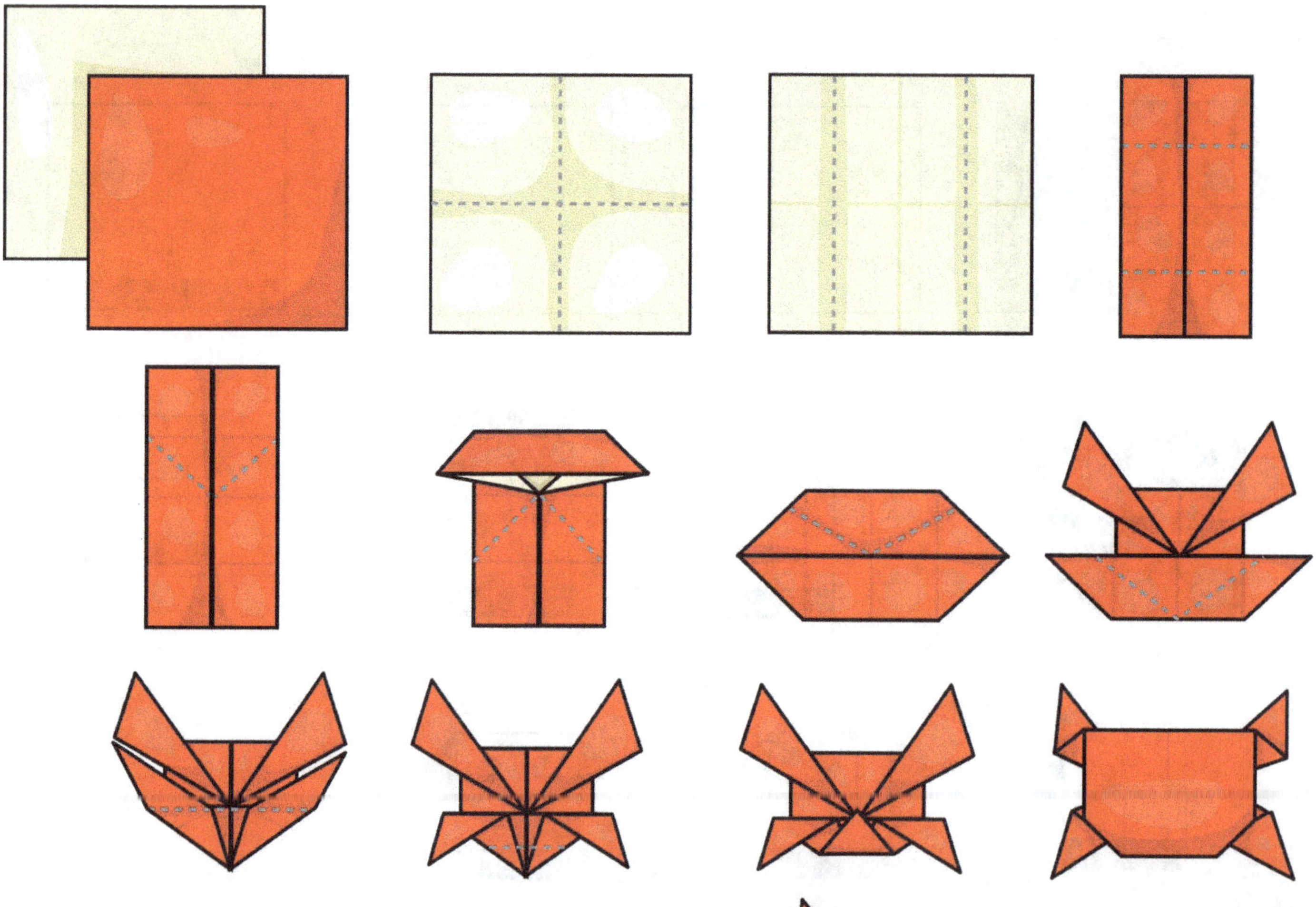

CRAB

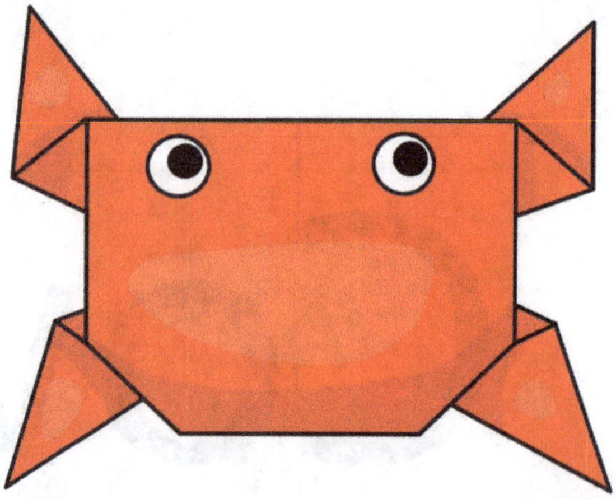

Corbeau

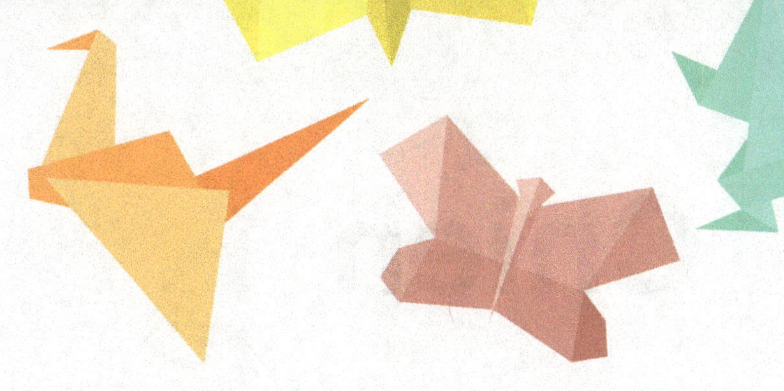

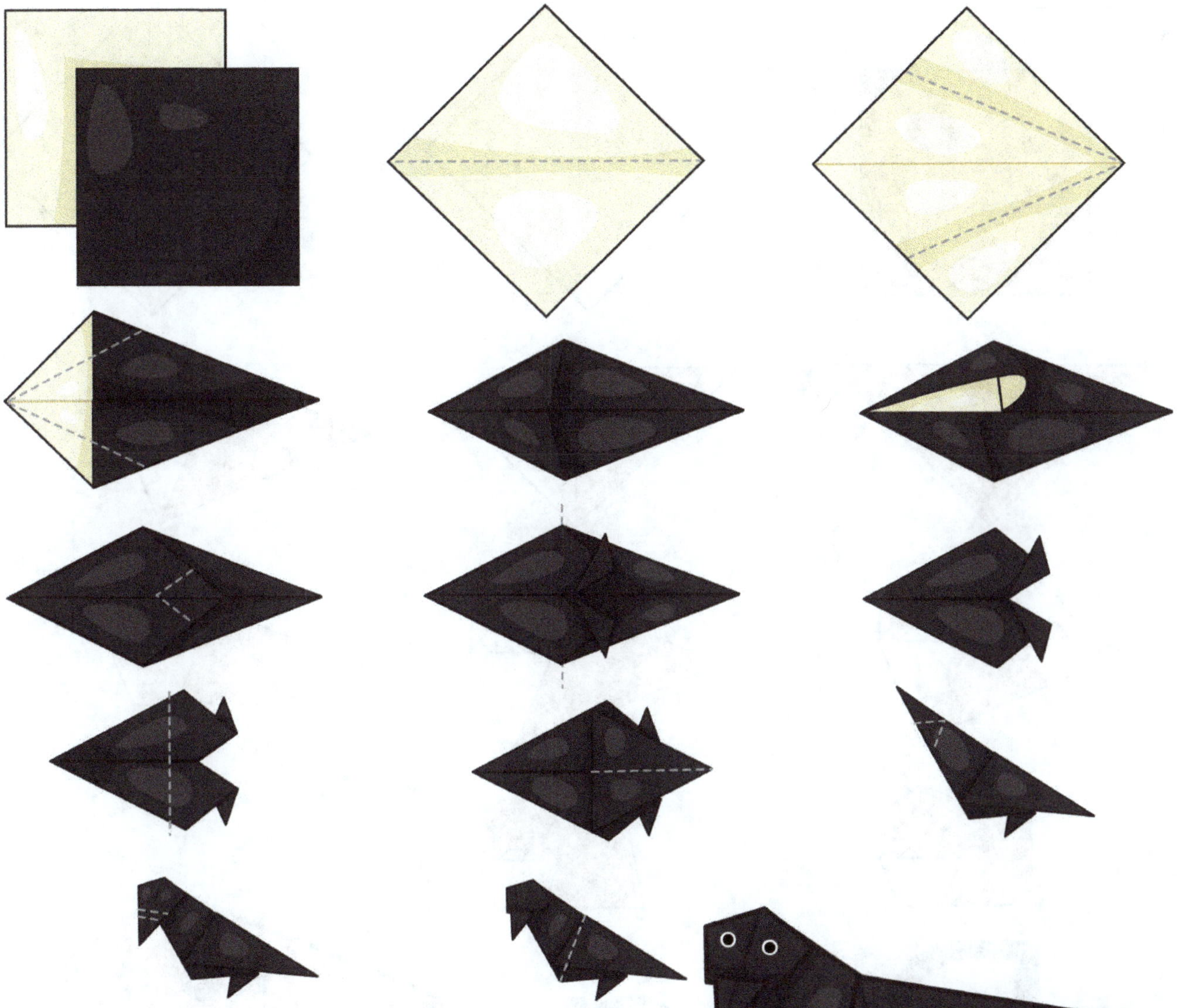

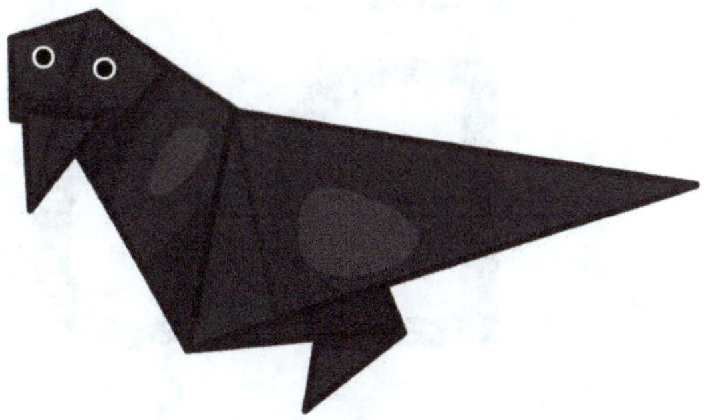

Crow

Chien

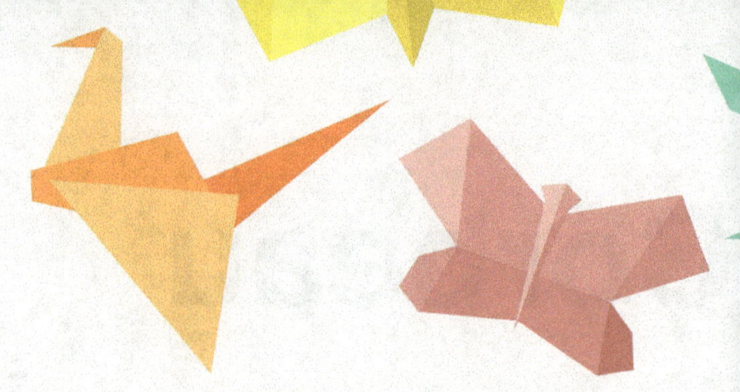

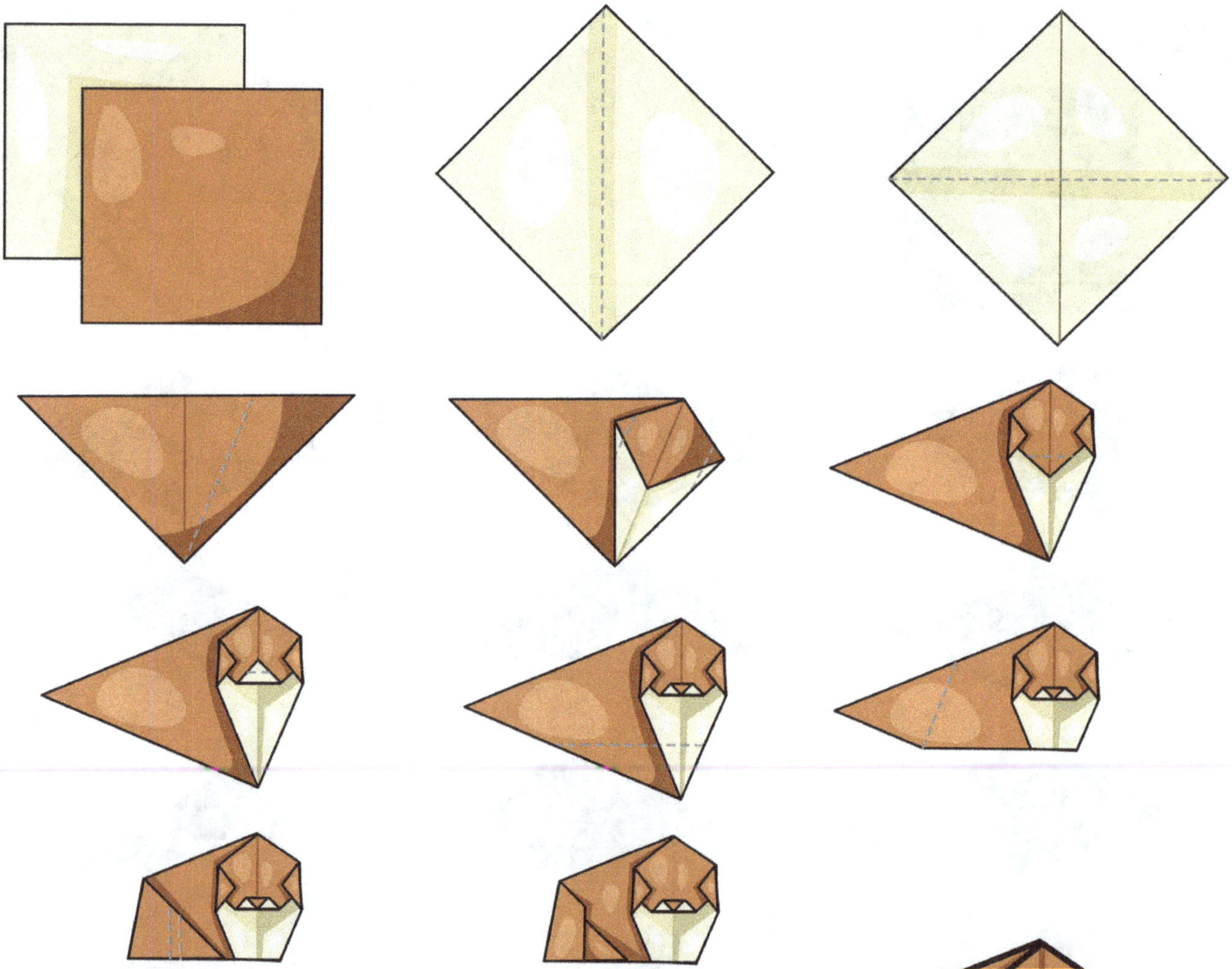

Dog

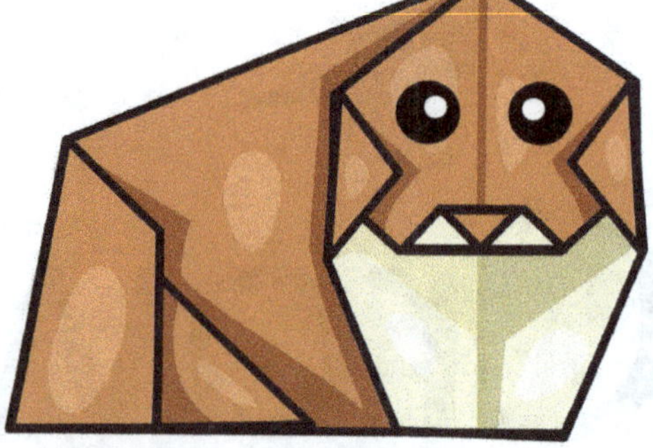

Canard

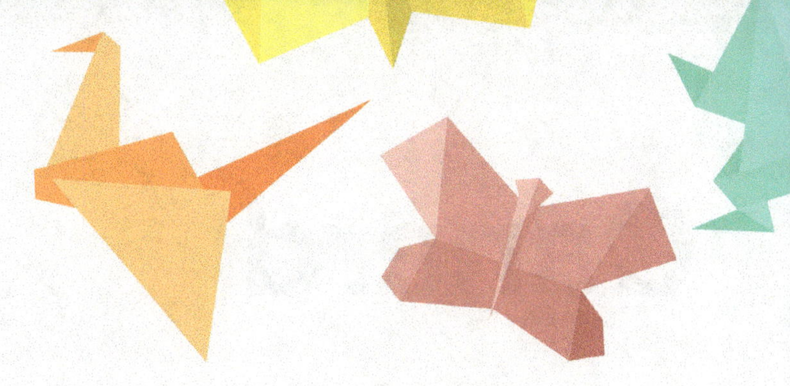

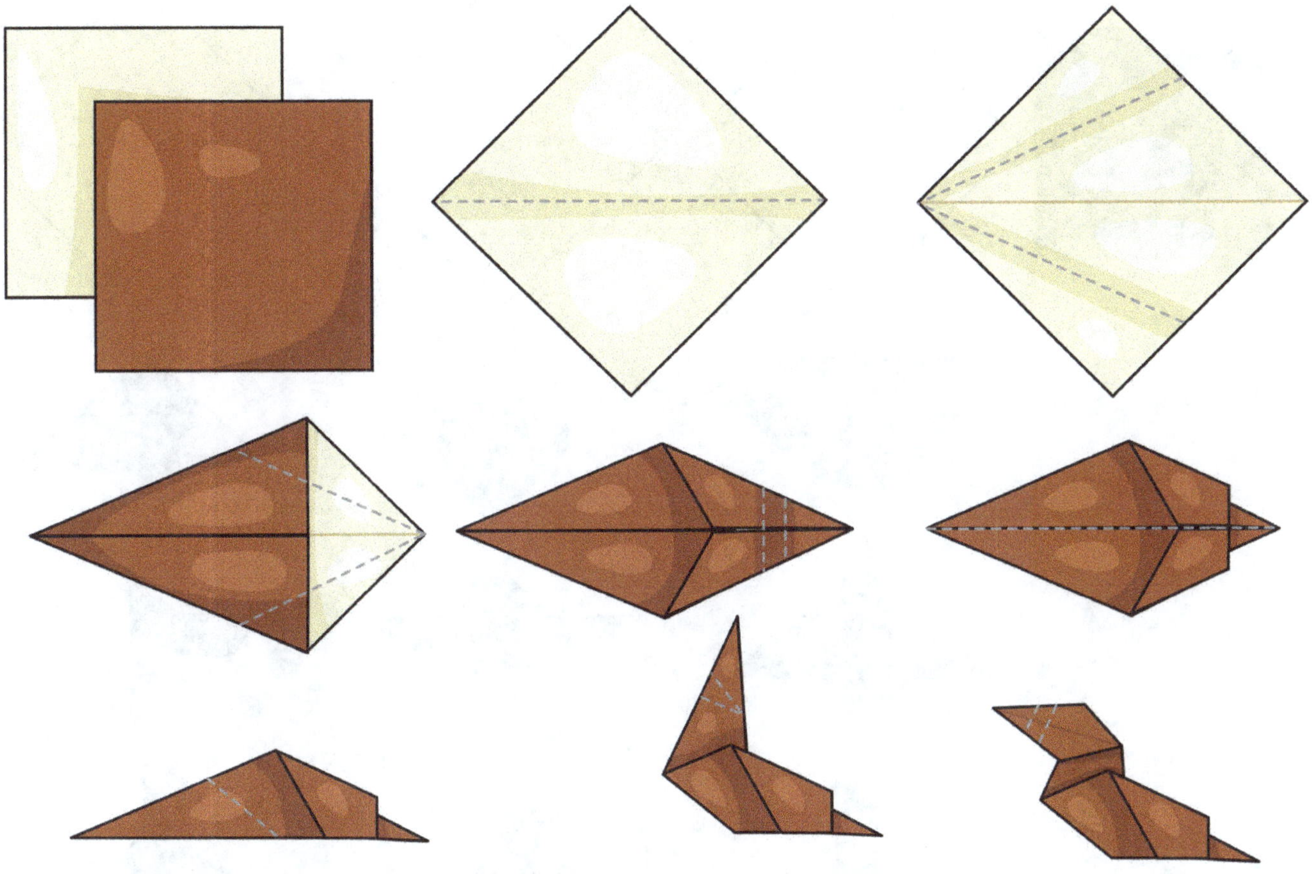

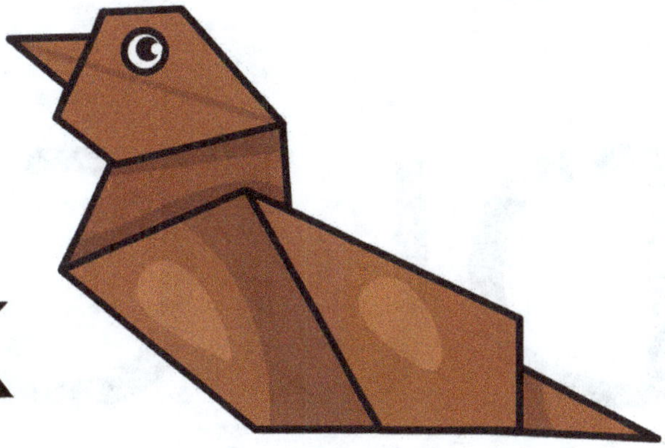

Wild Duck

Canard

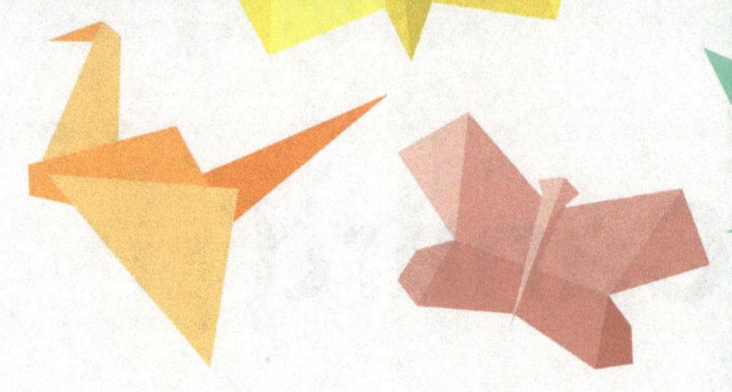

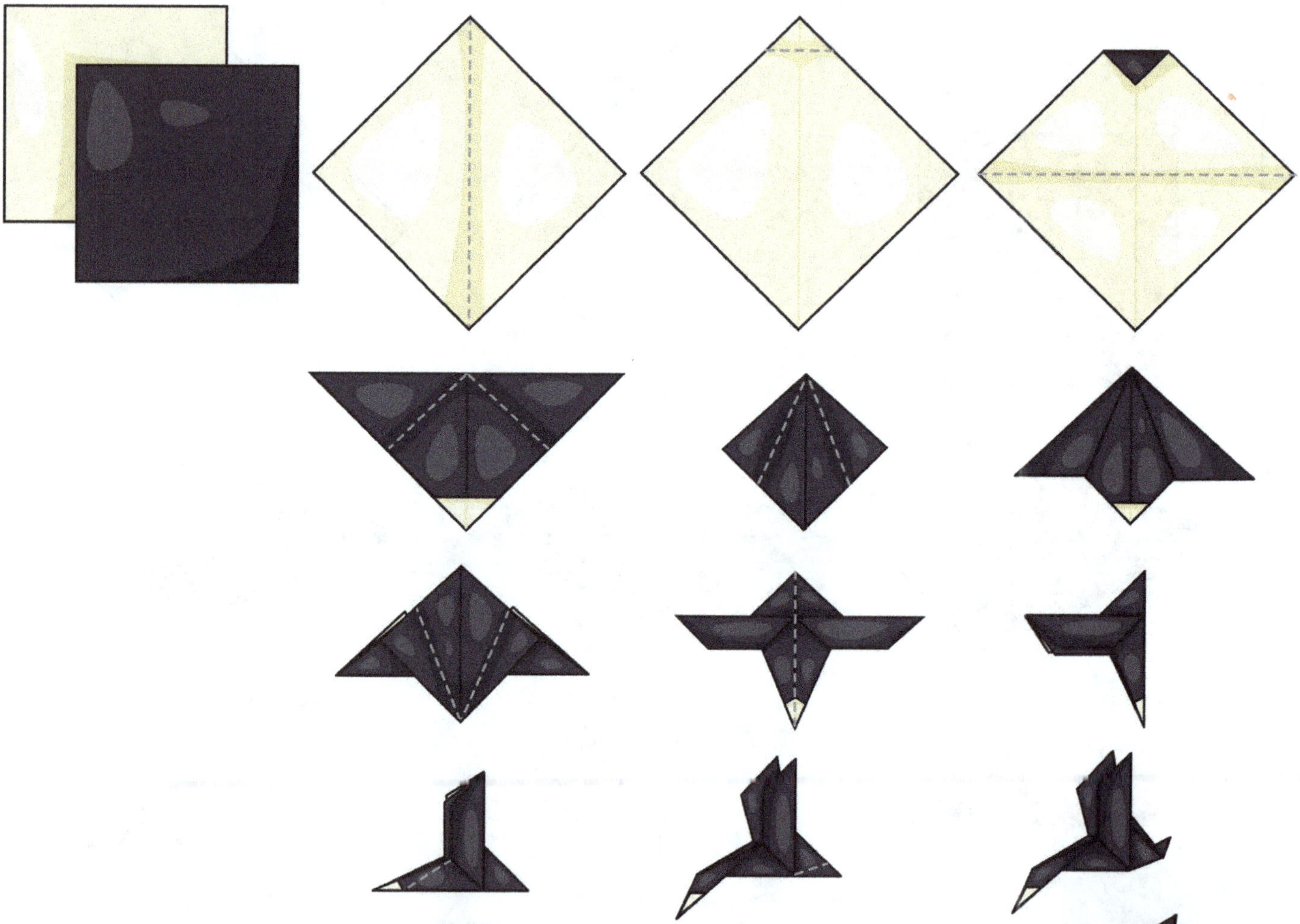

DUCK

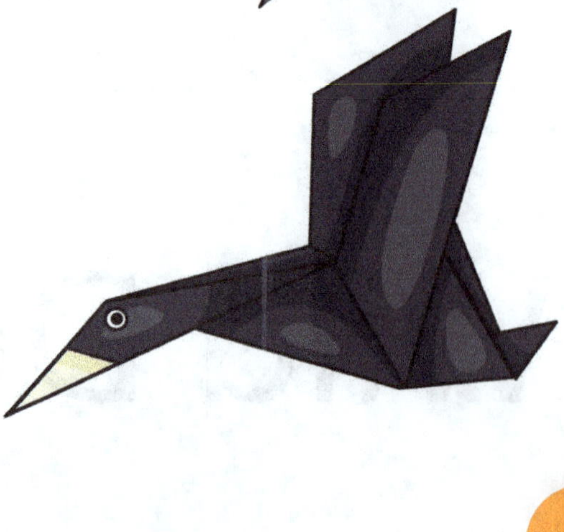

Éléphant

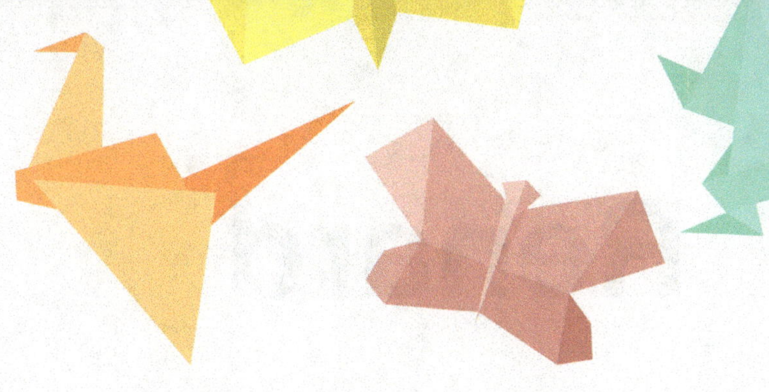

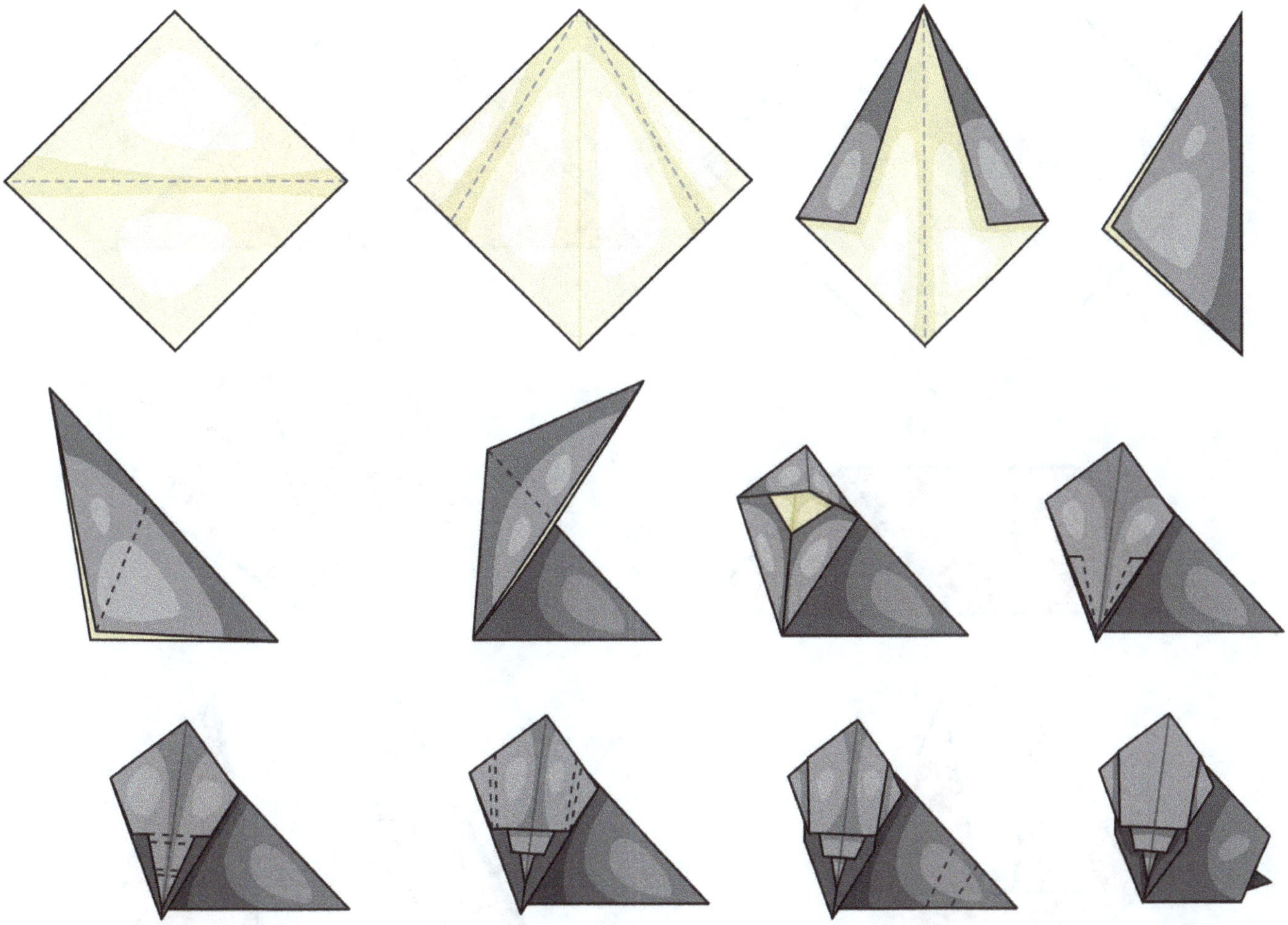

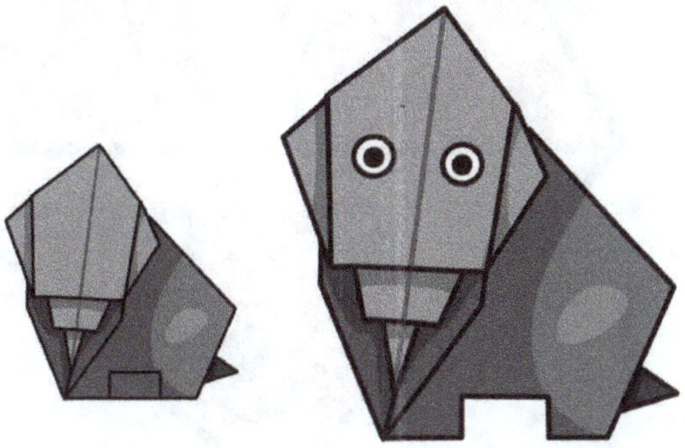

Elephant

Renard

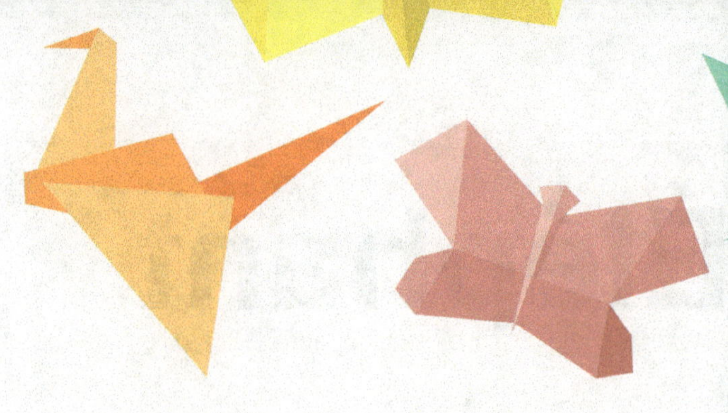

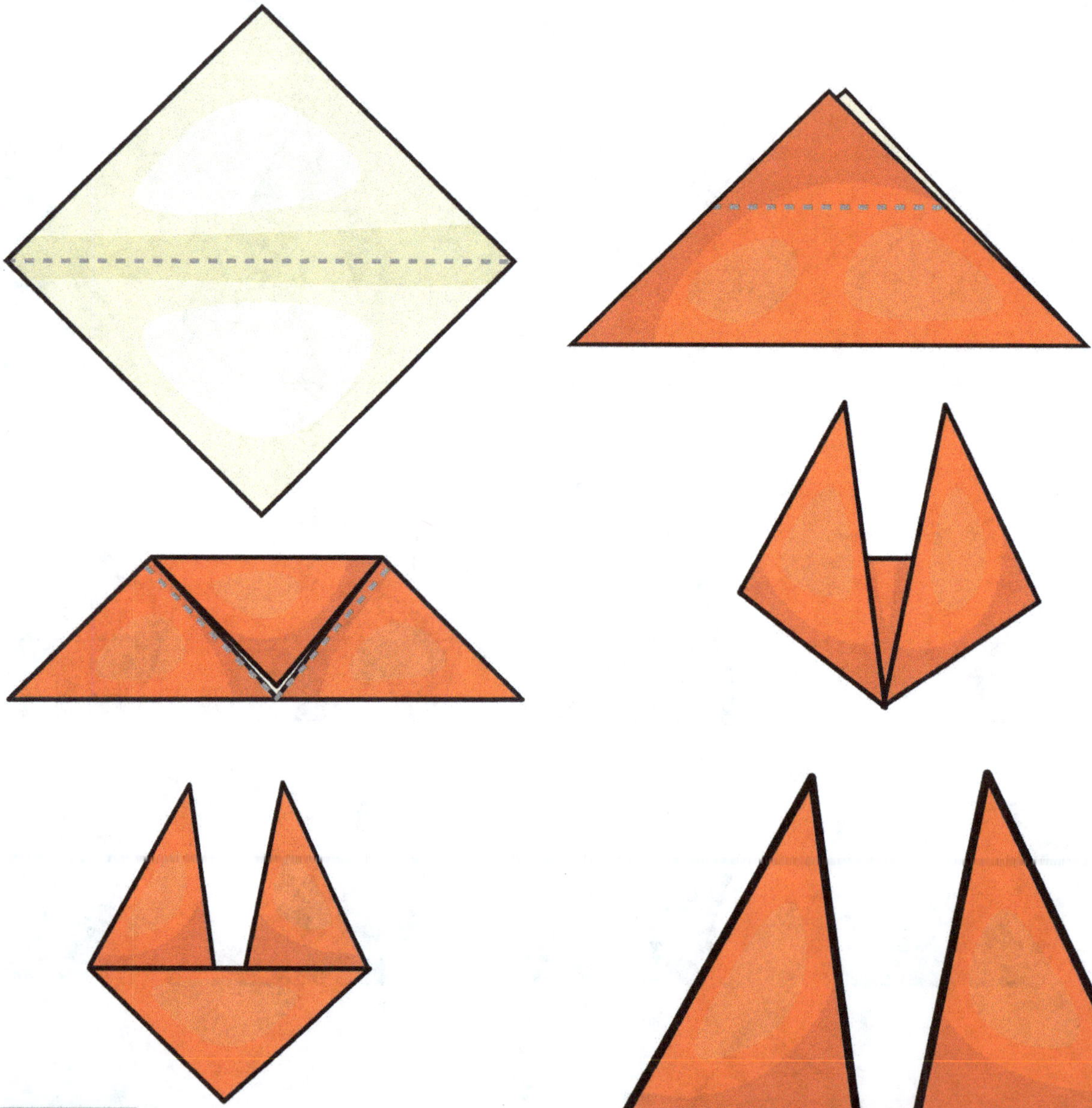

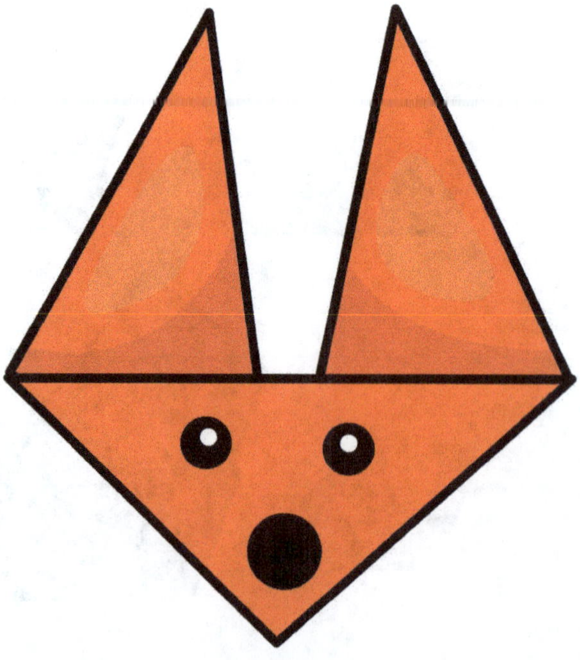

Fox

Renard

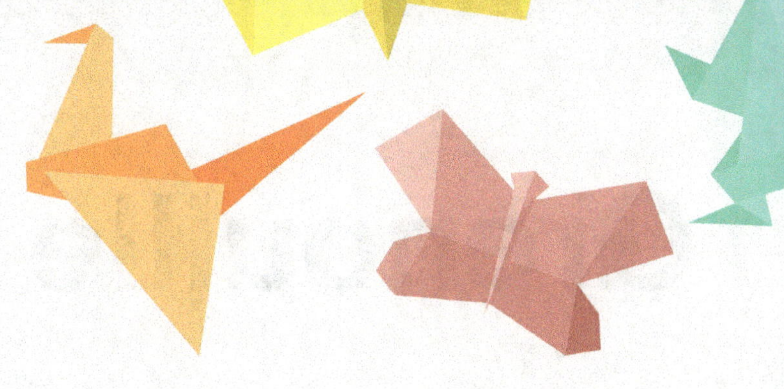

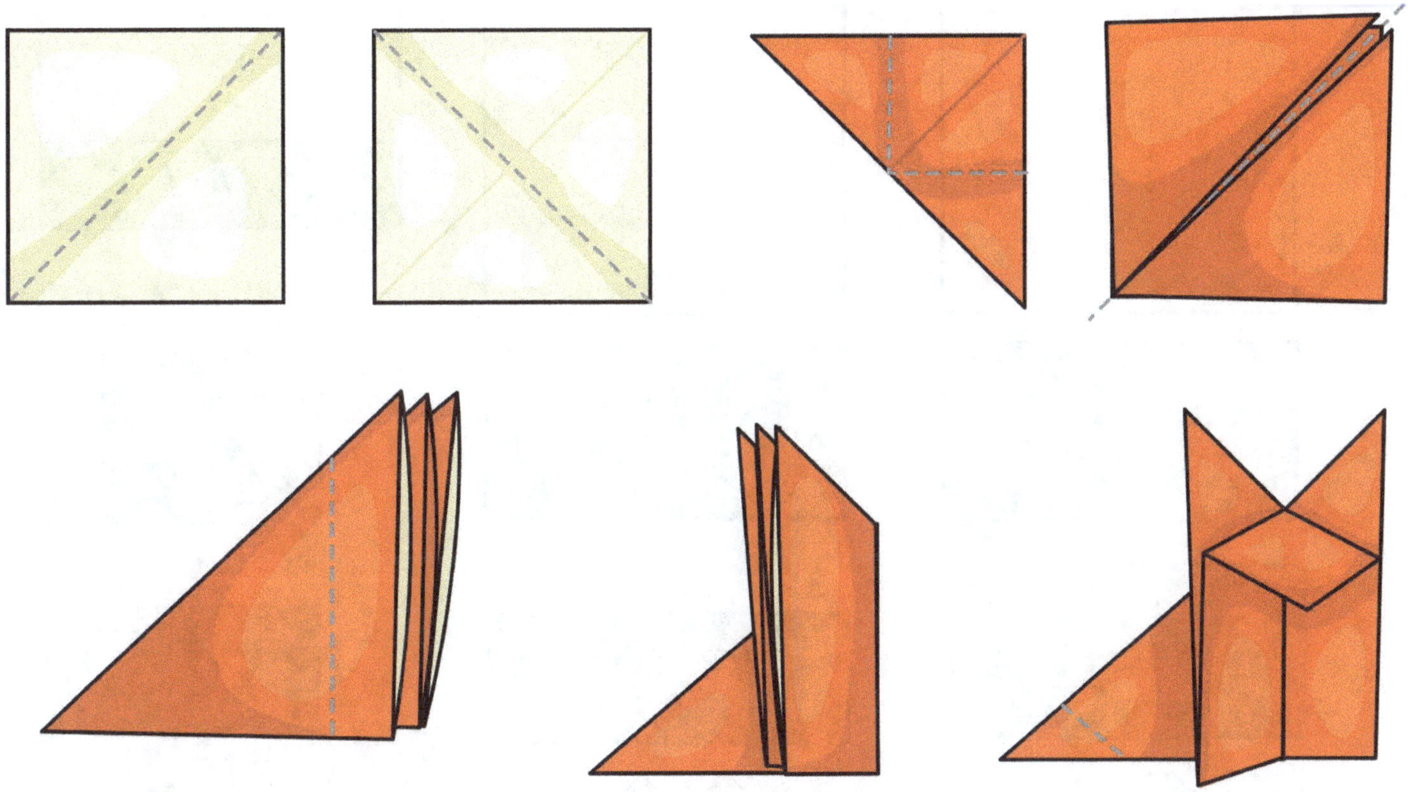

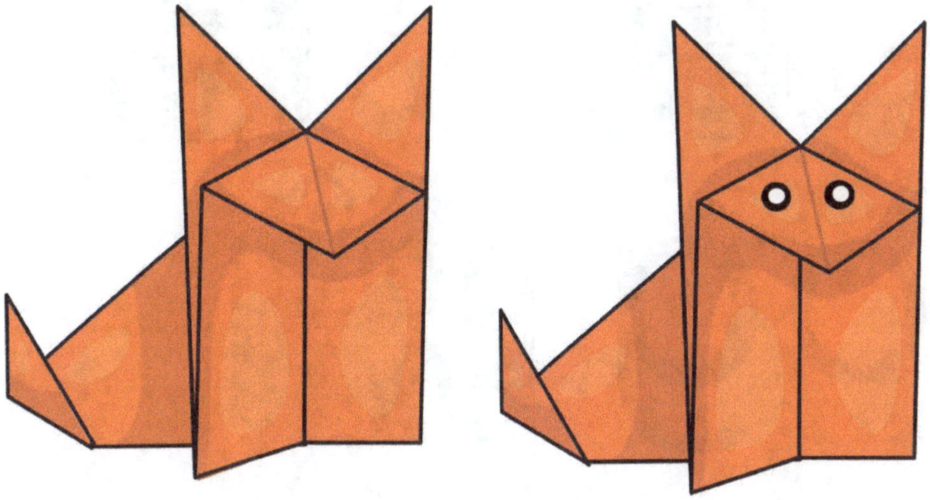

Fox

Grenouille

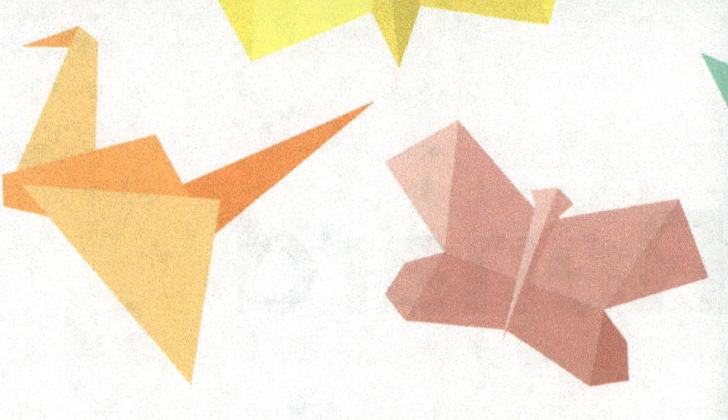

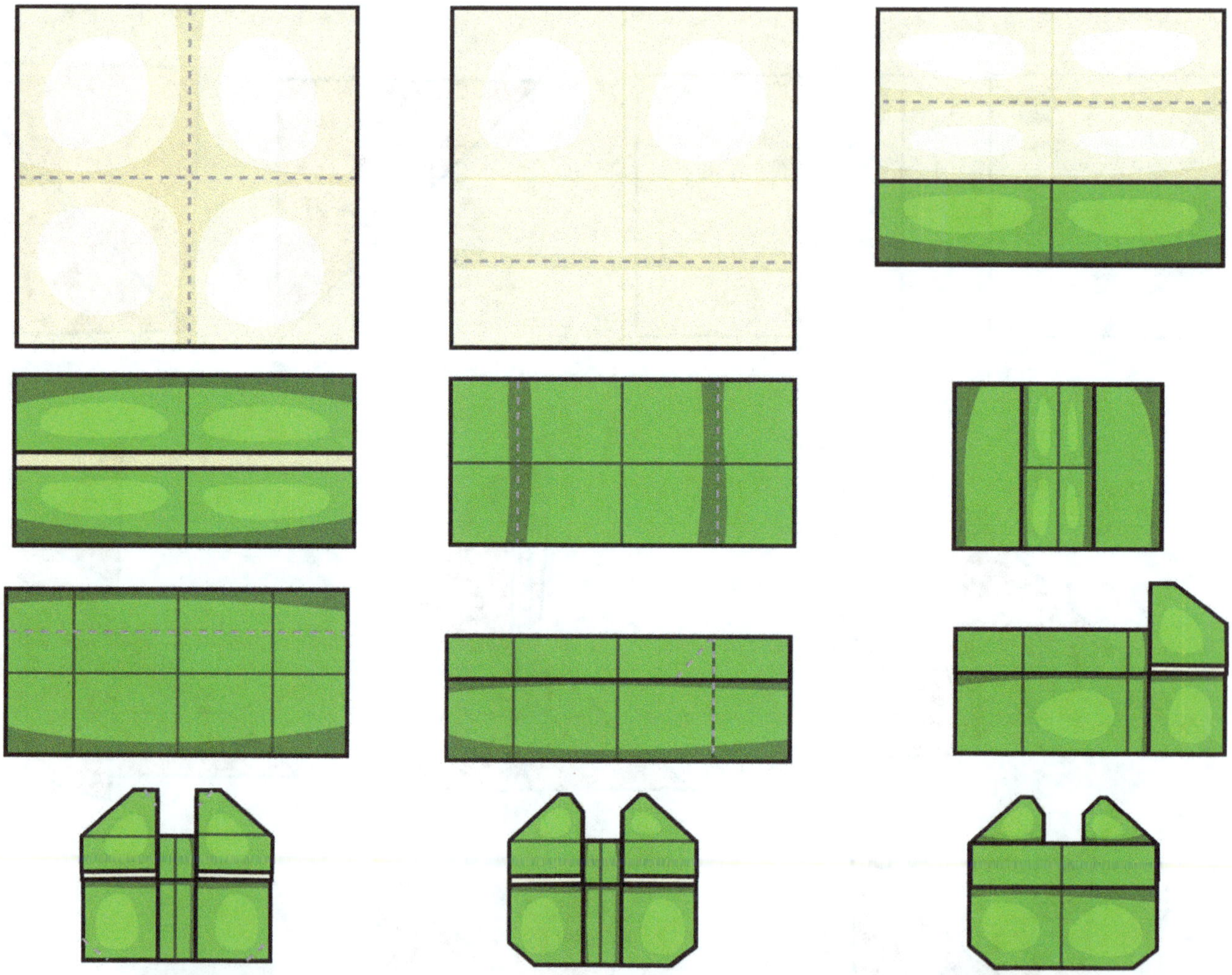

Frog

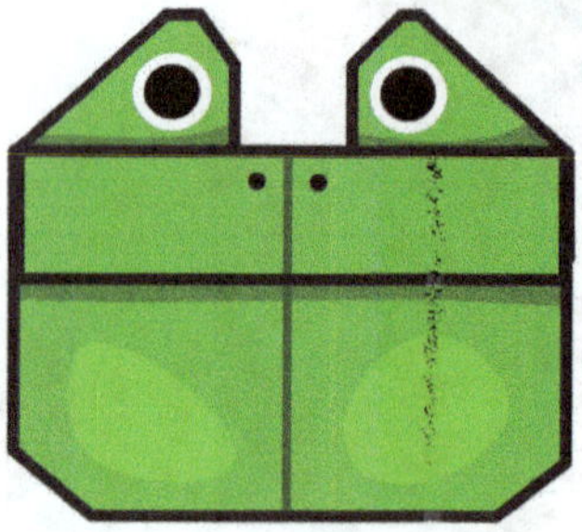

Girafe

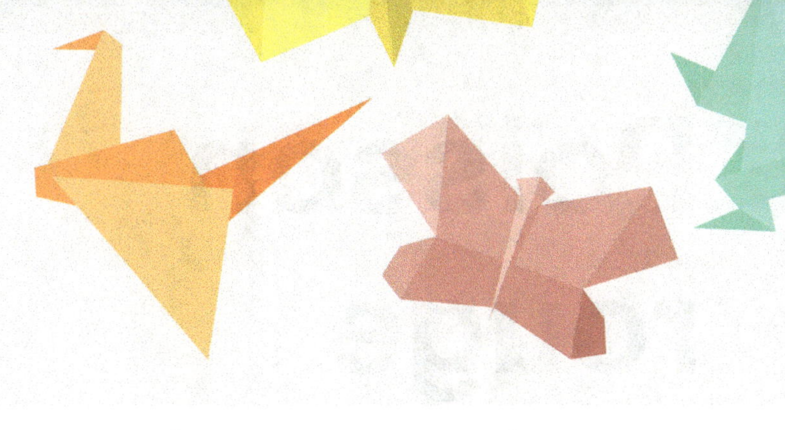

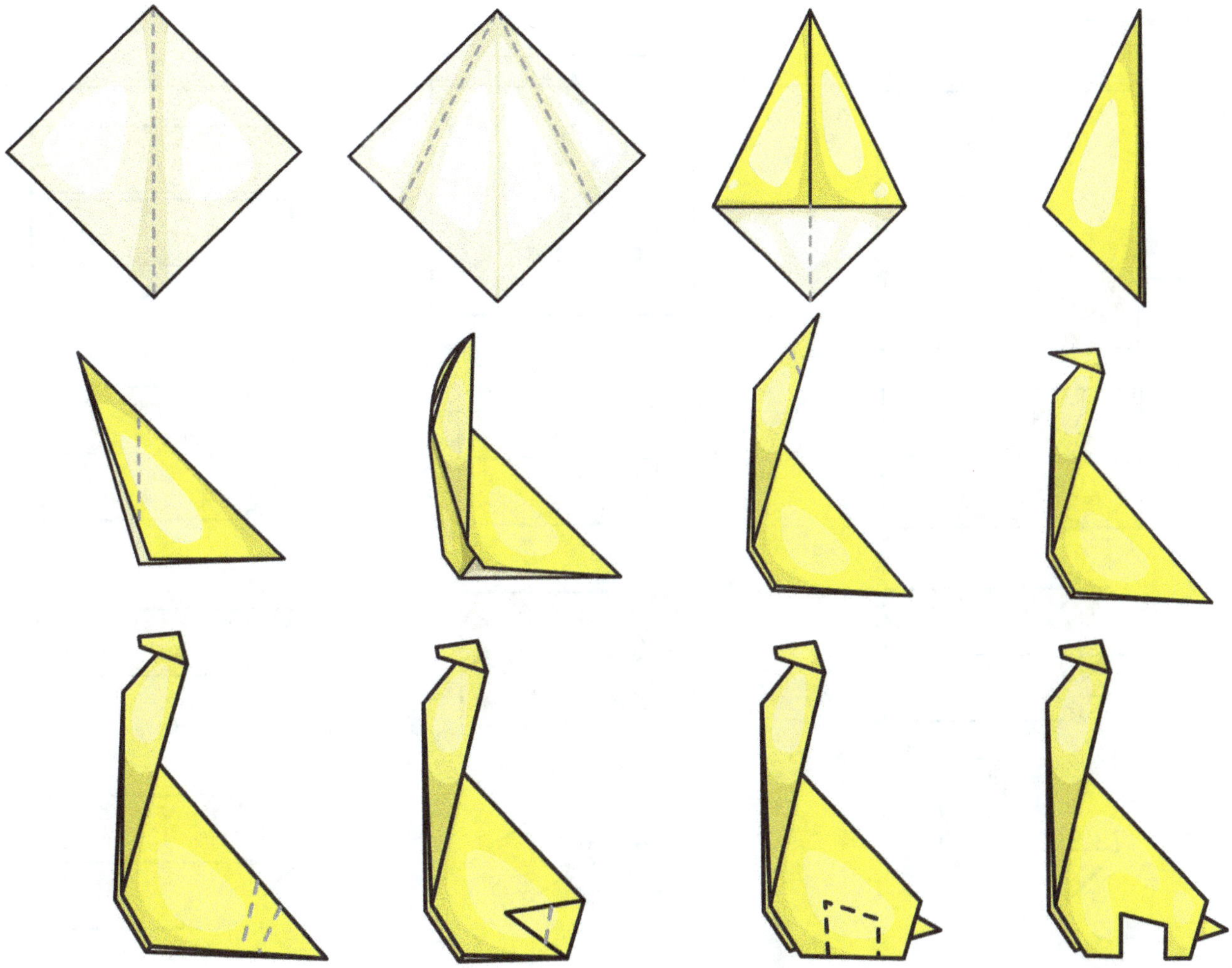

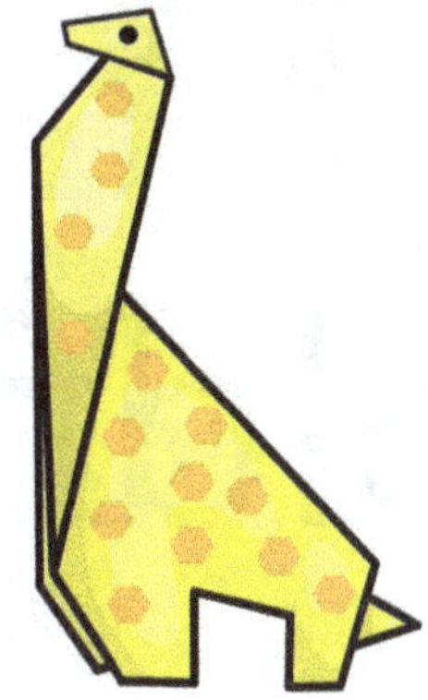

Giraffe

Poisson rouge

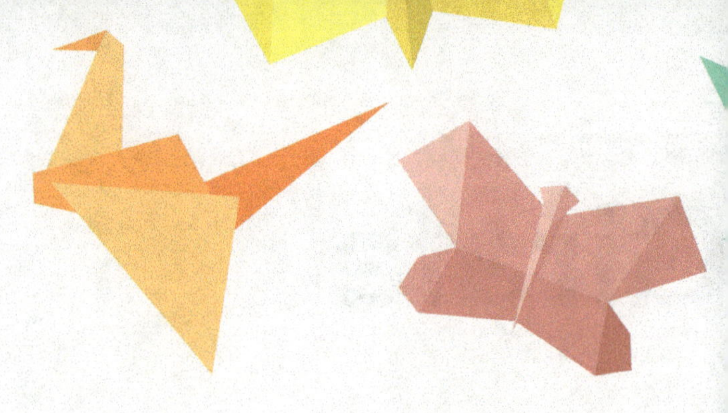

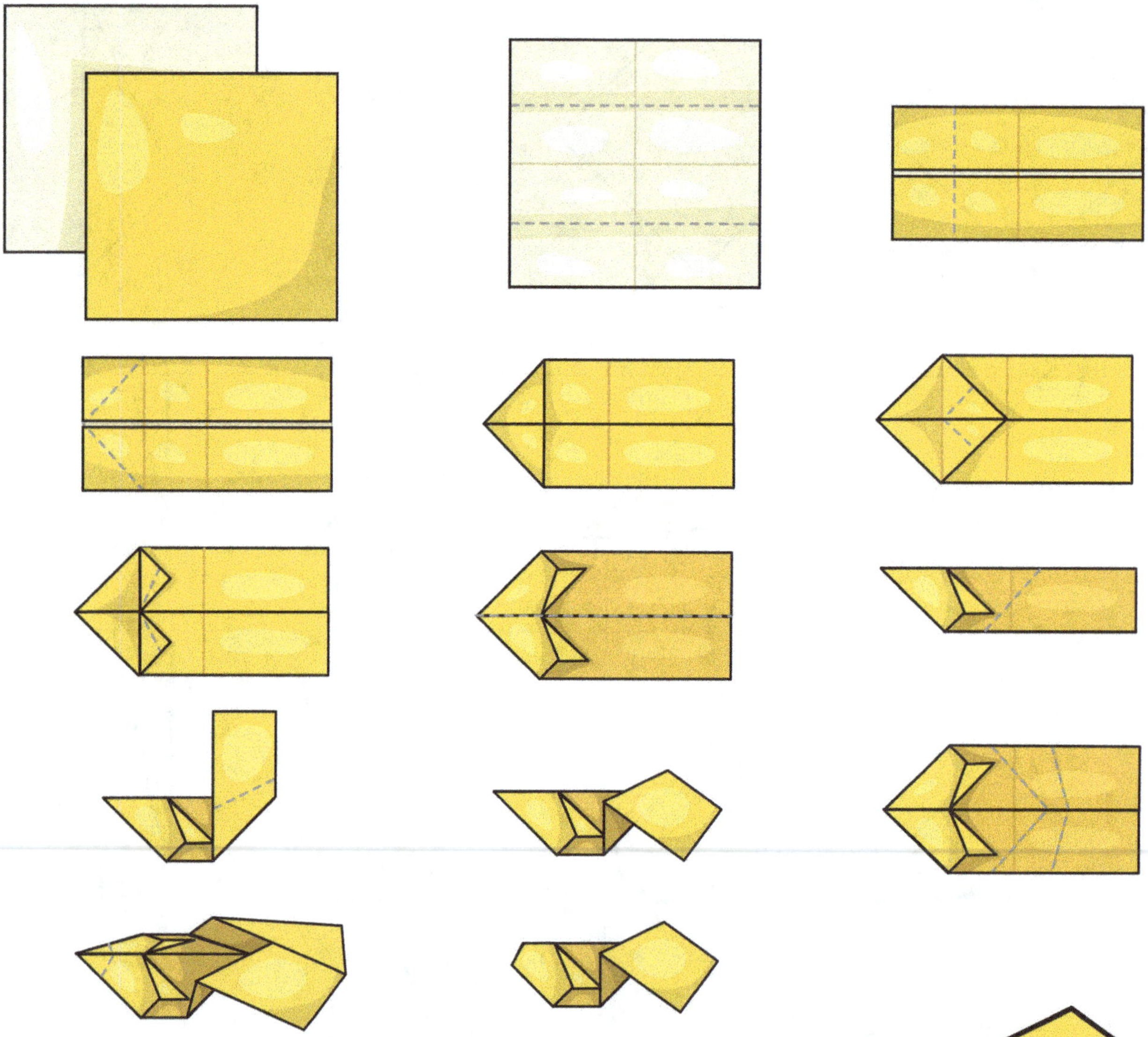

Goldfish

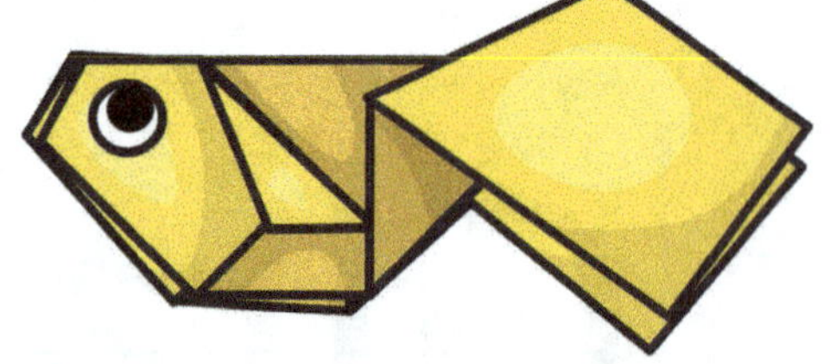

Hamster

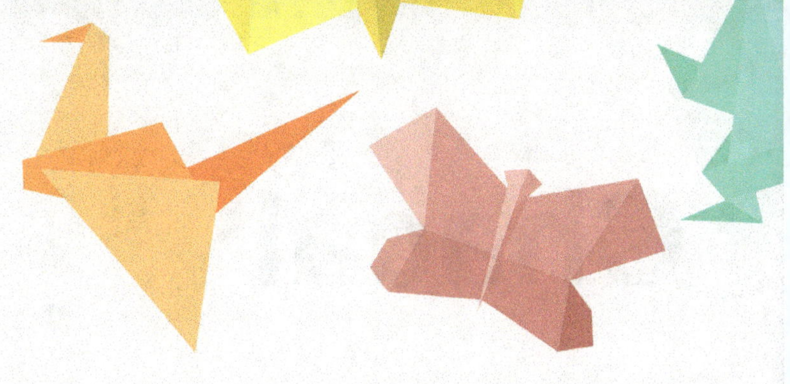

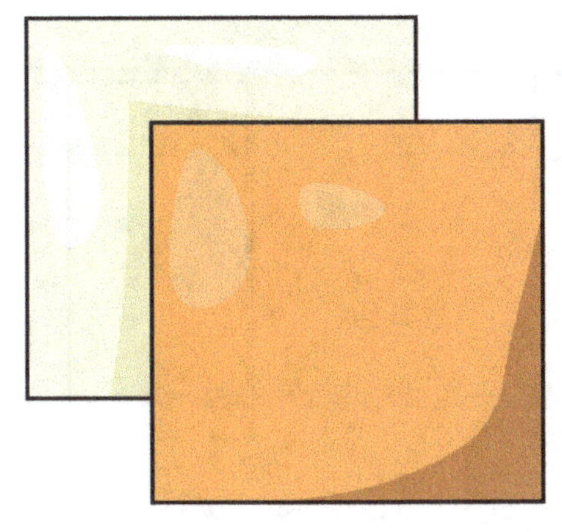

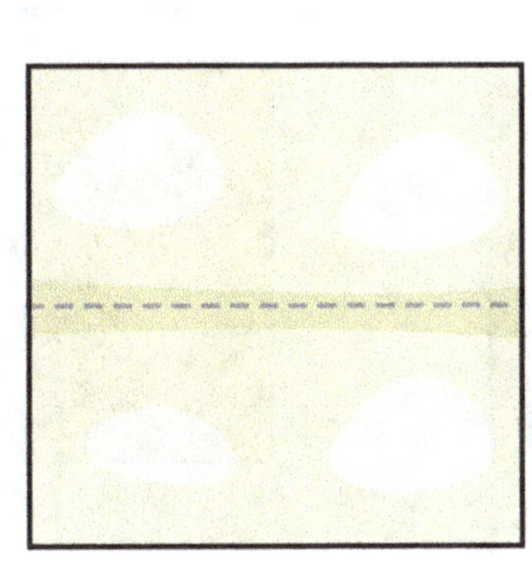

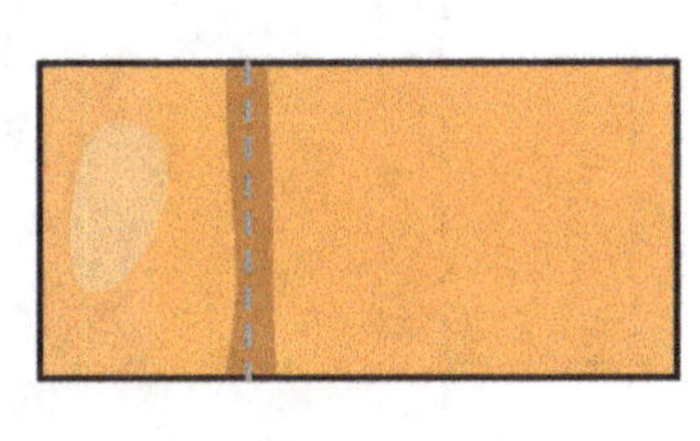

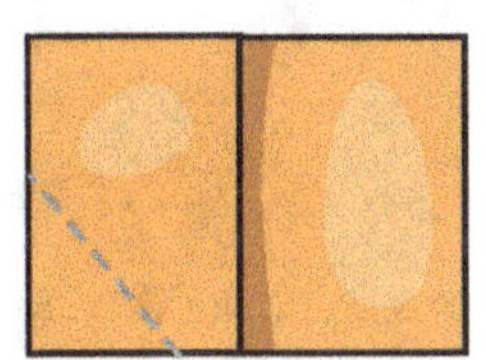

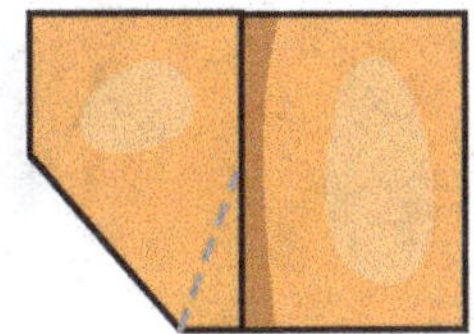

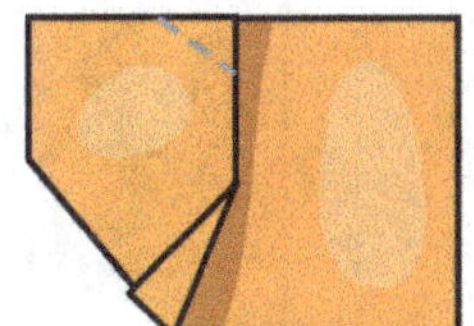

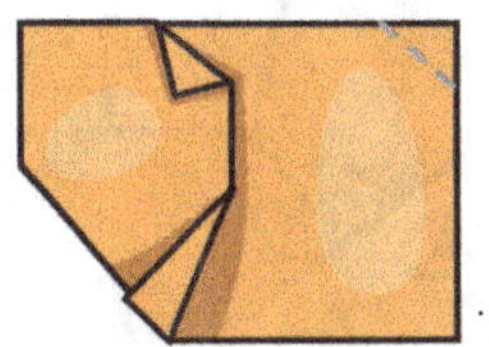

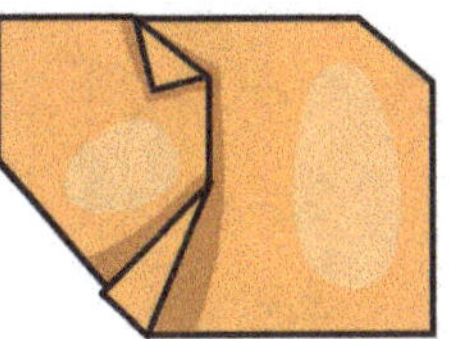

Hamster 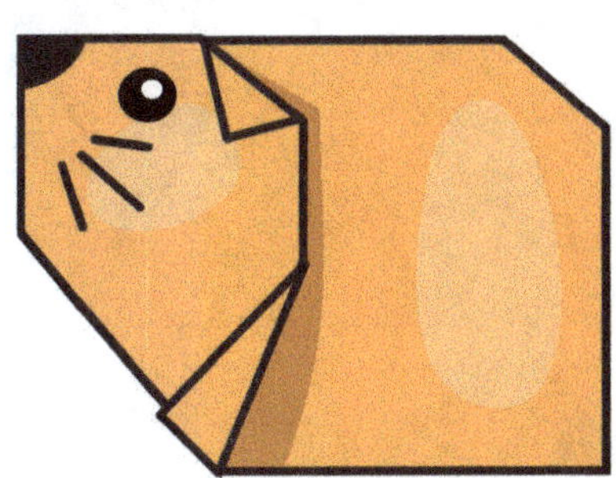

Chacal

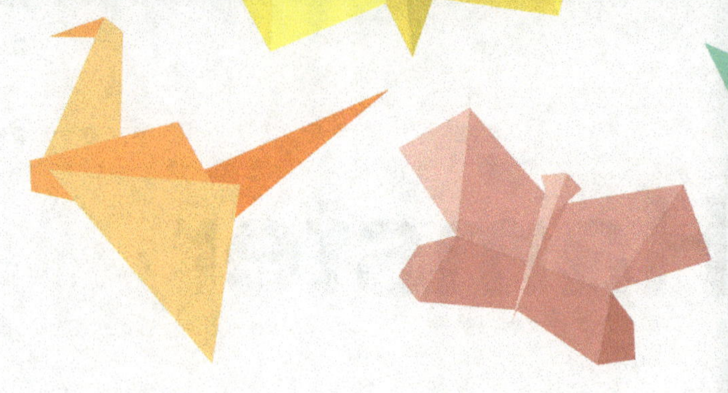

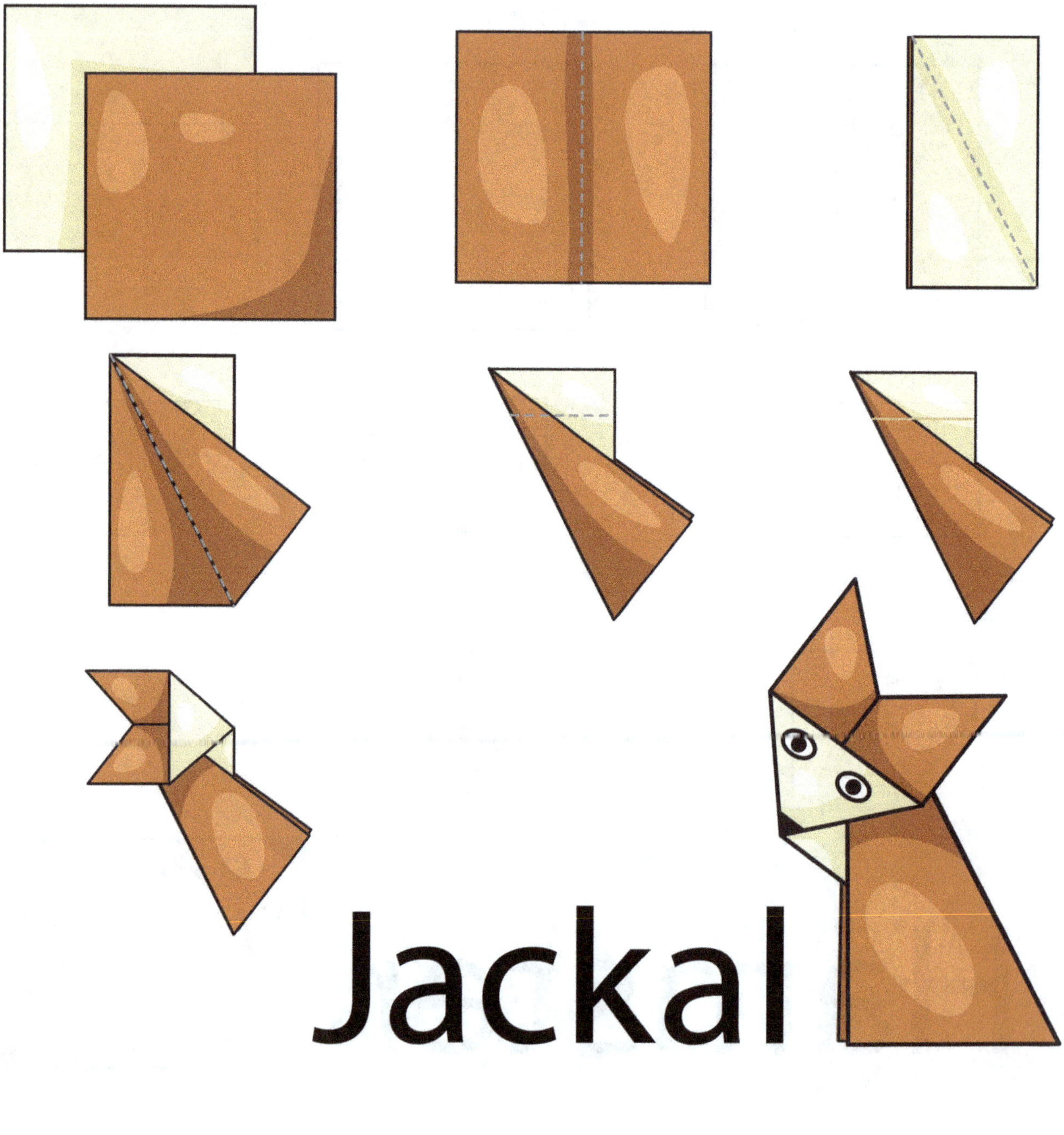

Jackal

Koala

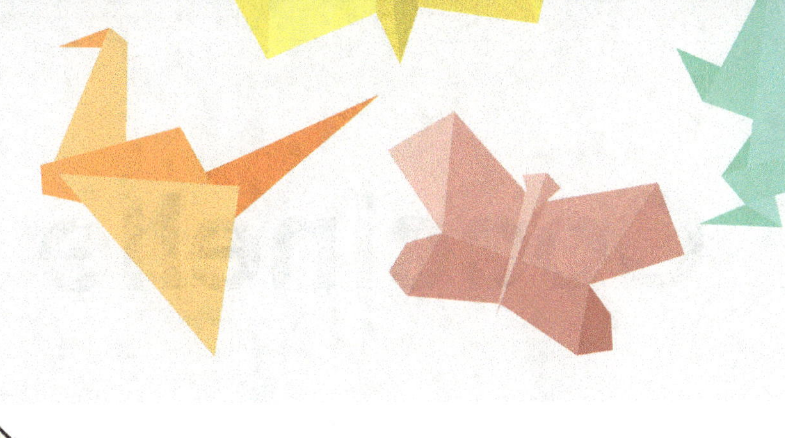

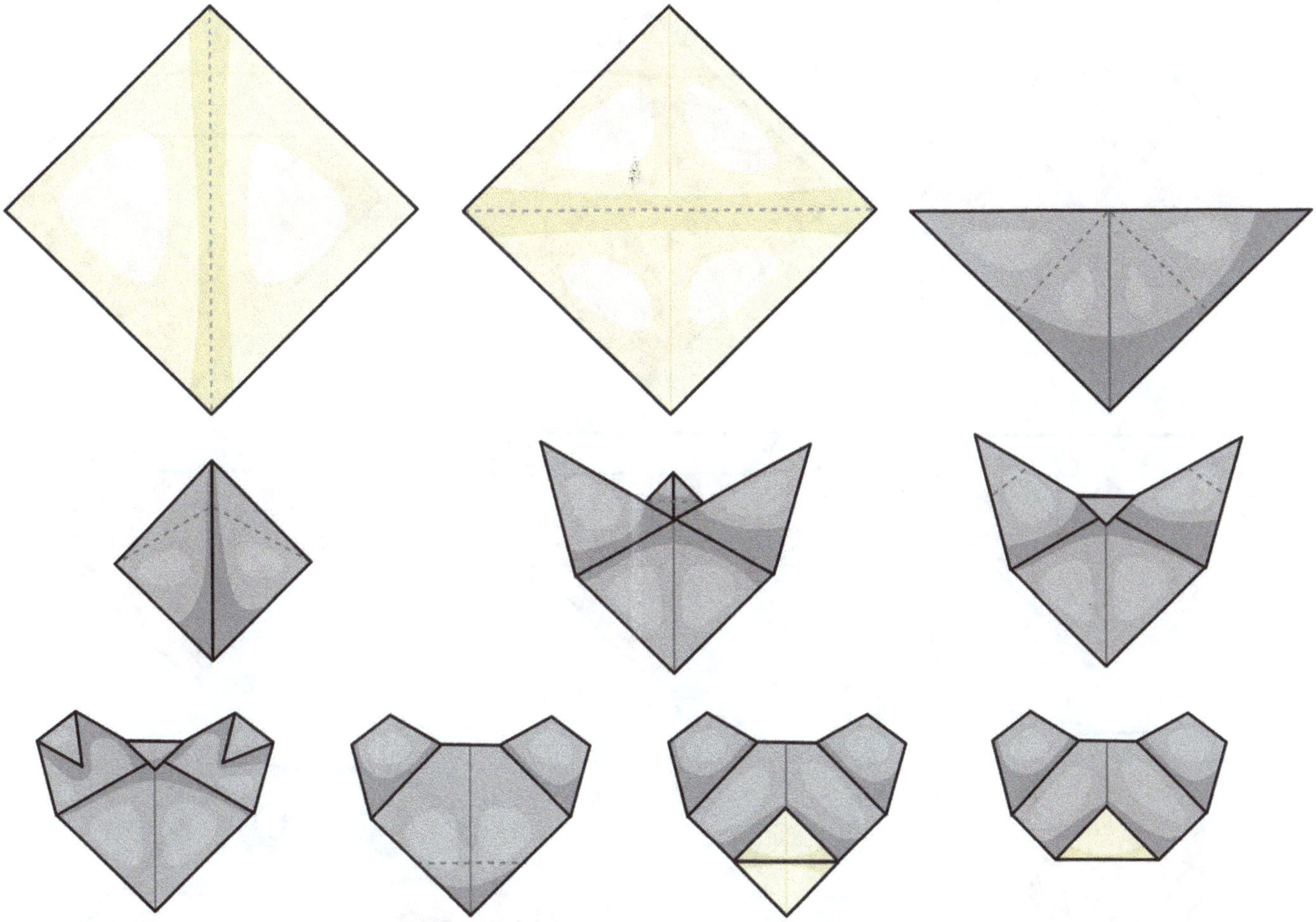

Koala

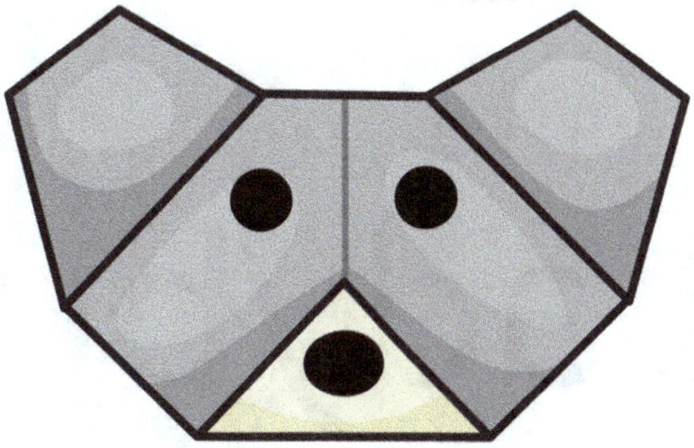

Coccinelle

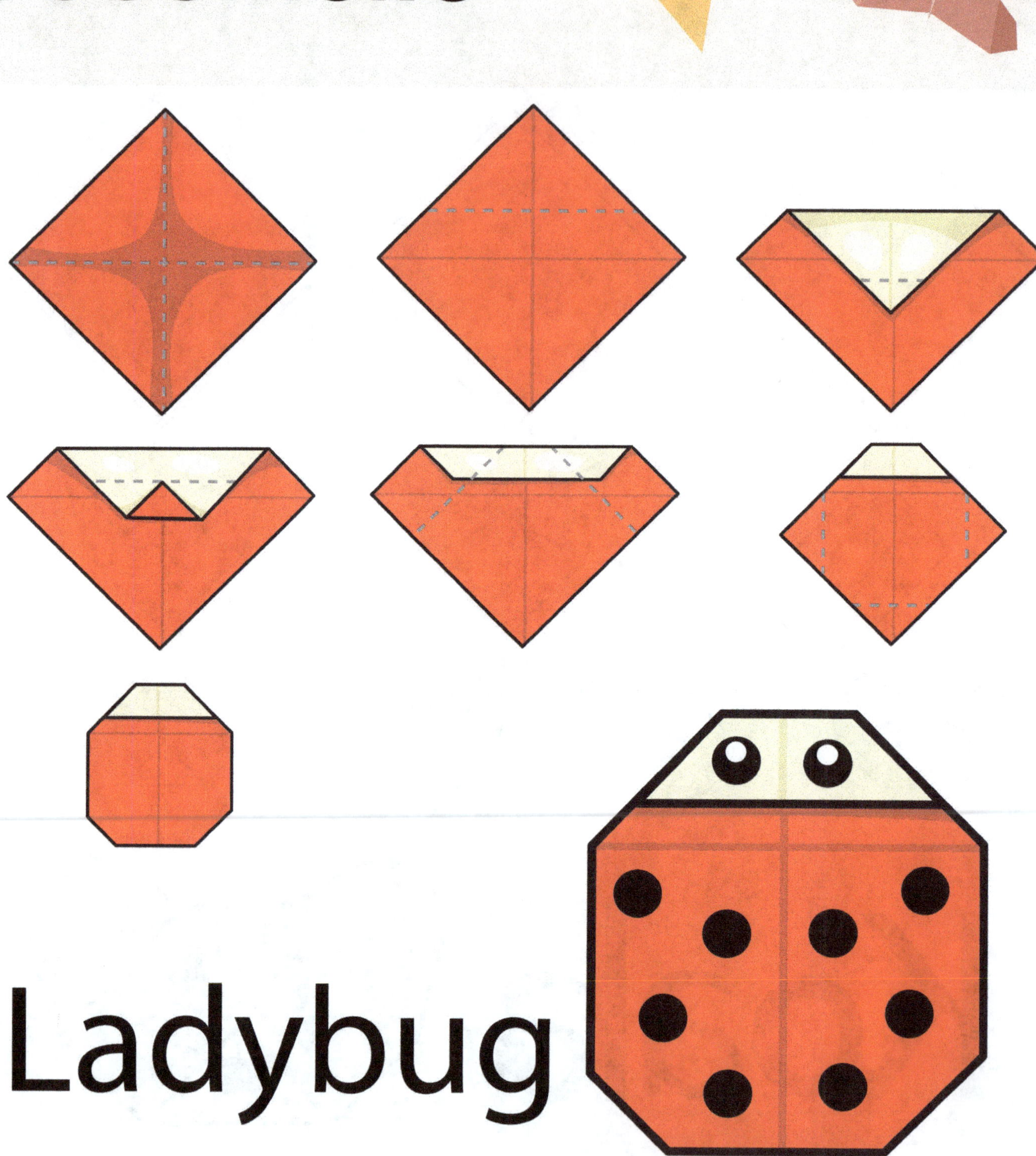

Ladybug

Singe

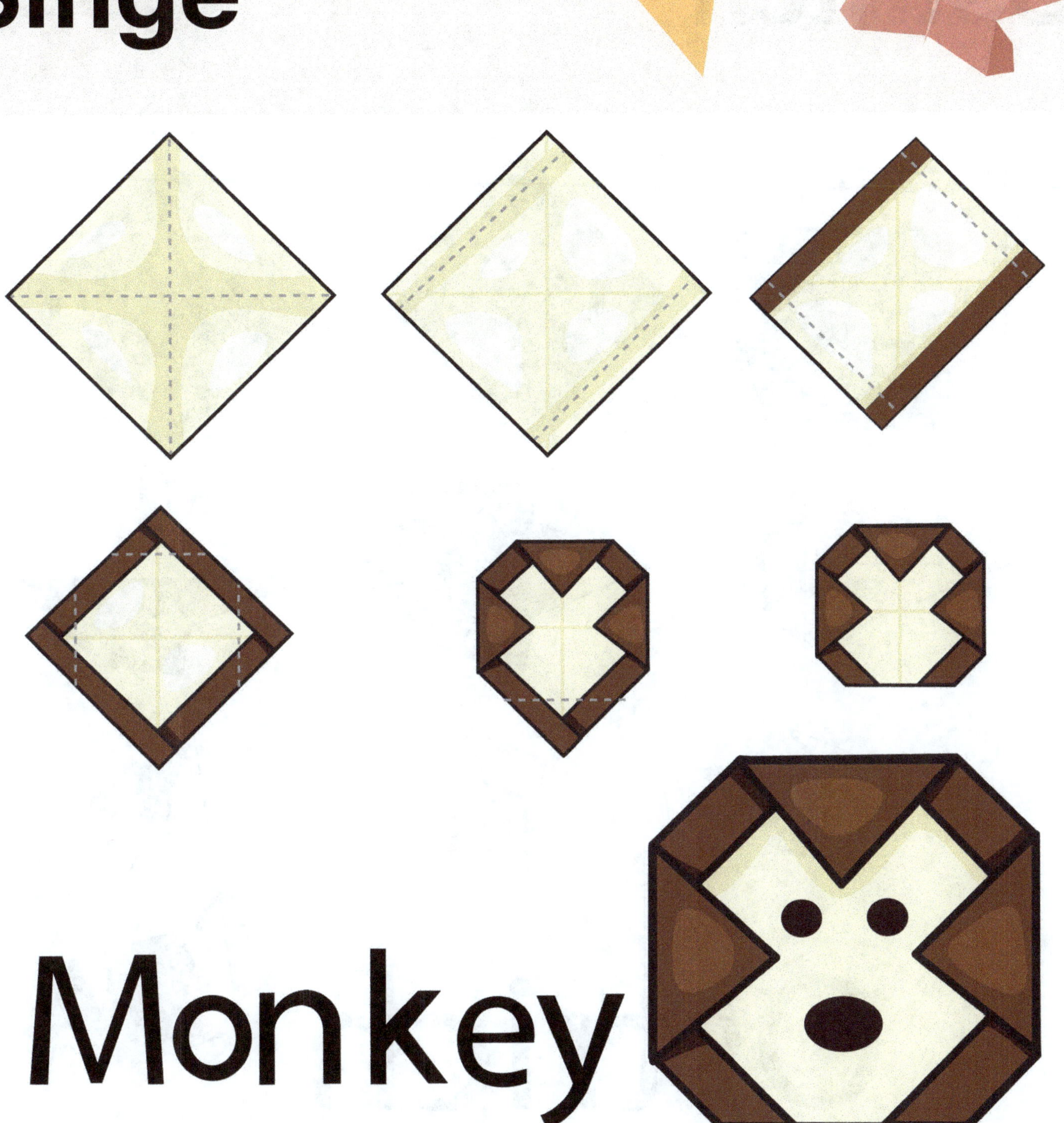

Monkey

Ostritch

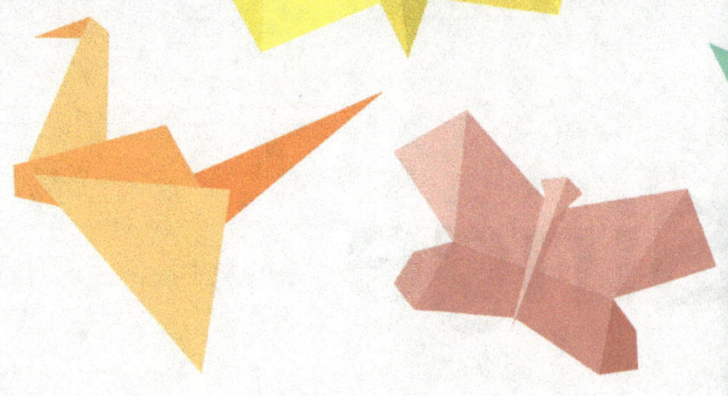

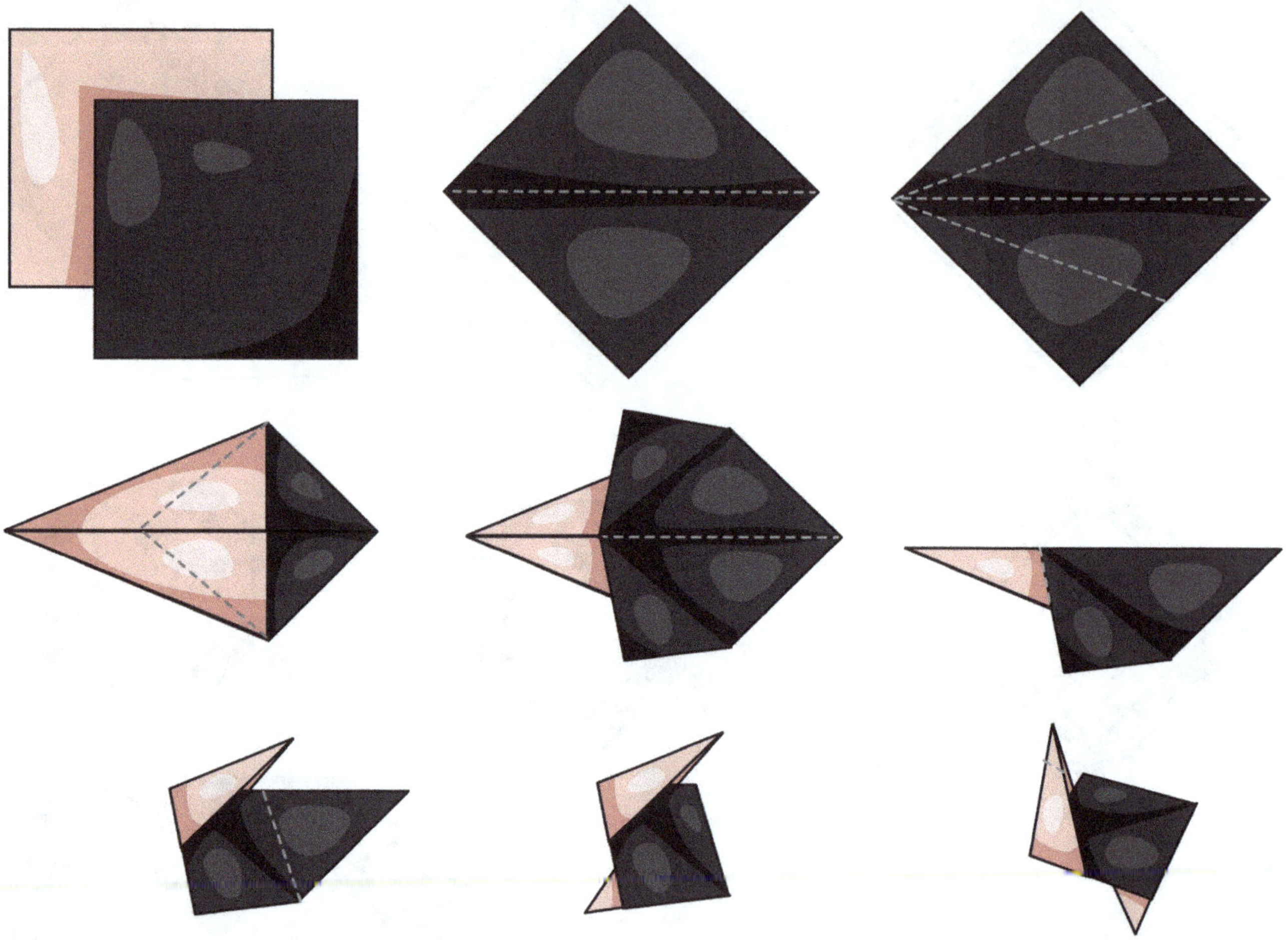

Ostrich

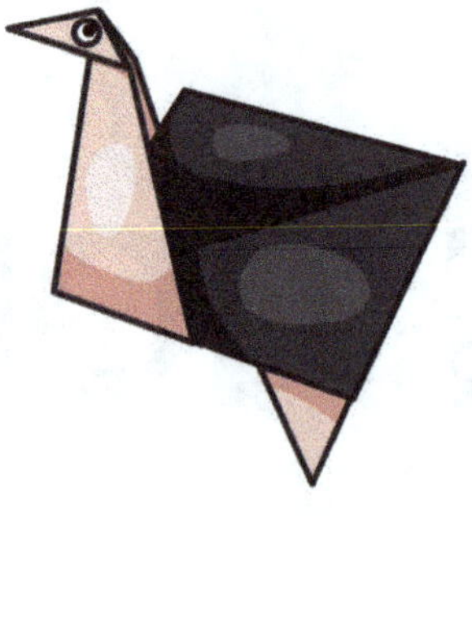

Panda

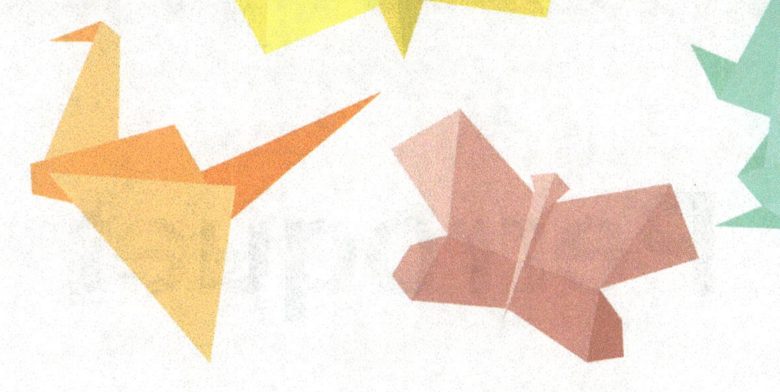

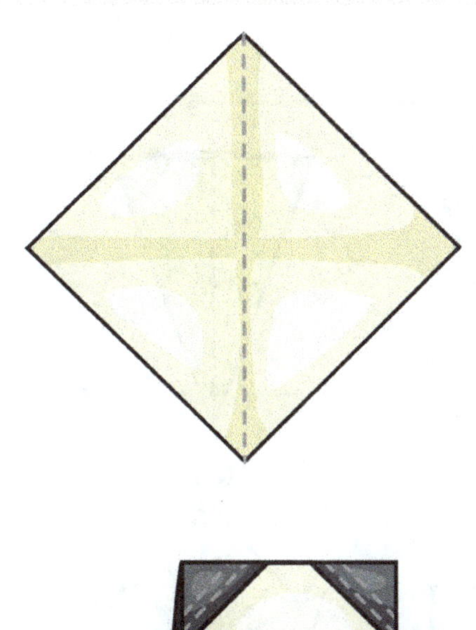
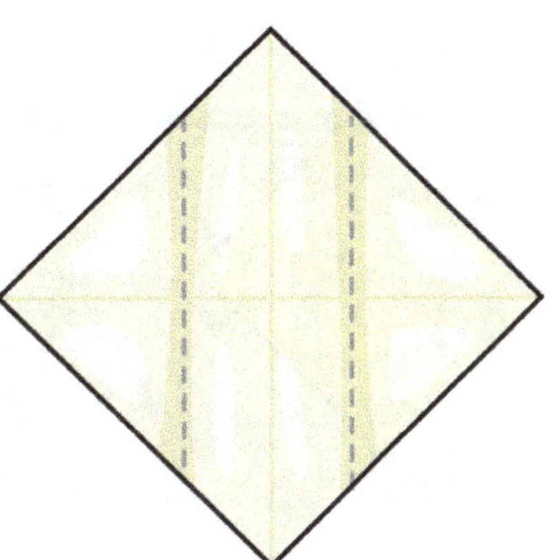
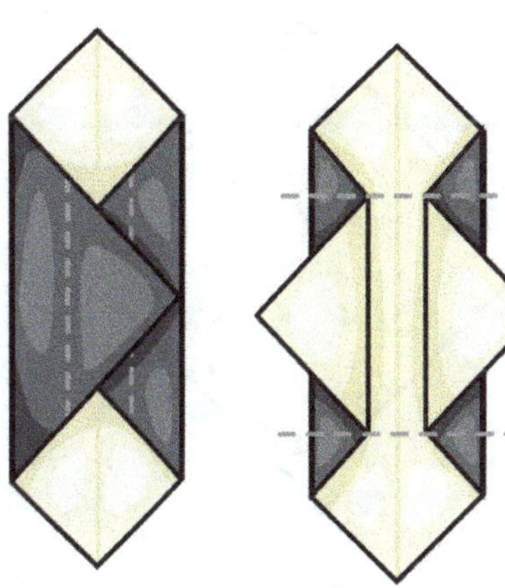

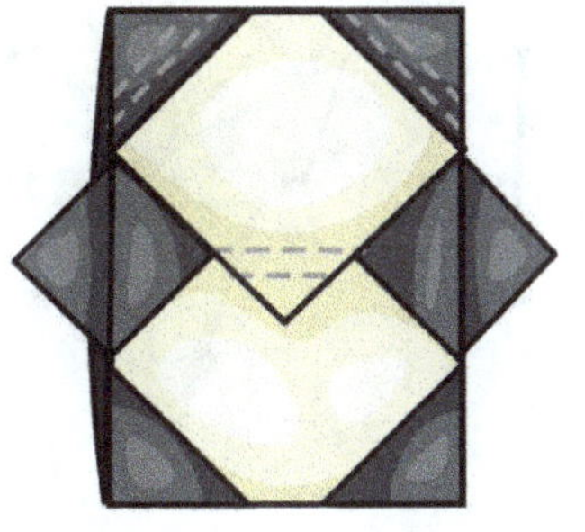
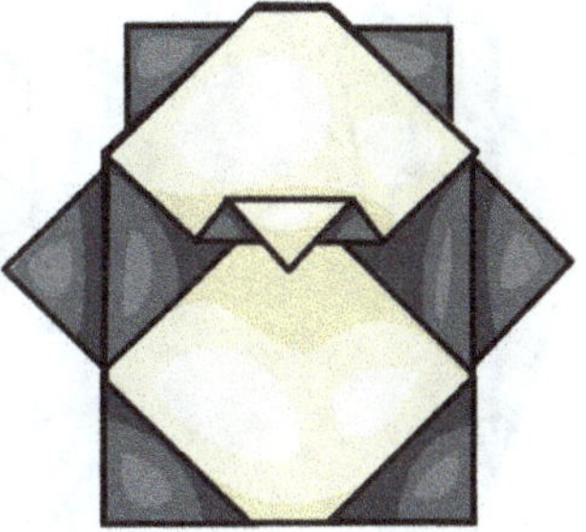
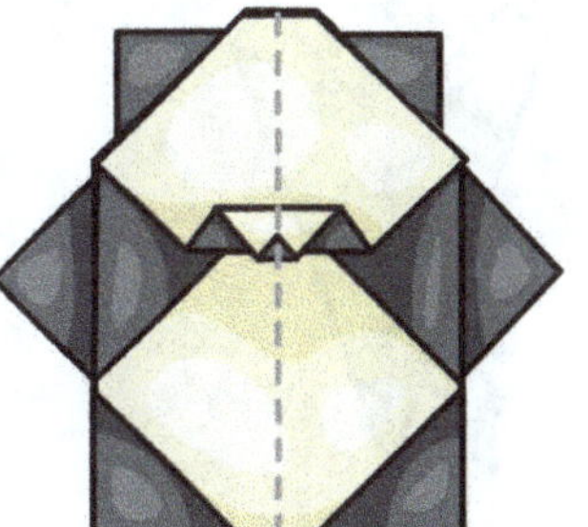

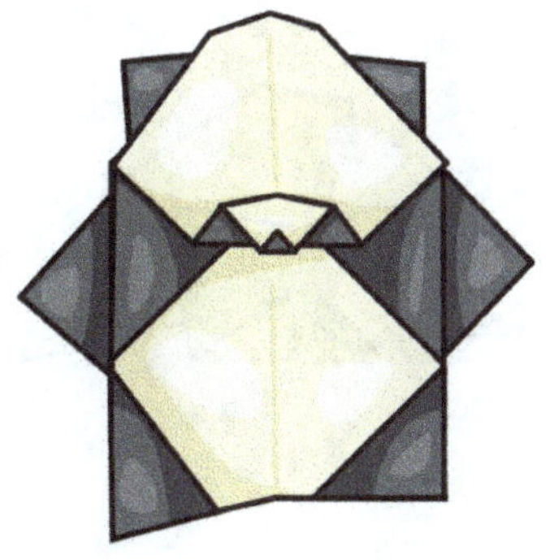
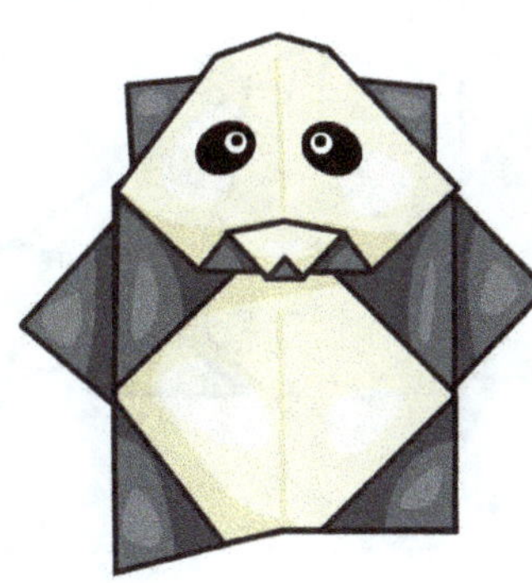

Panda

Perroquet

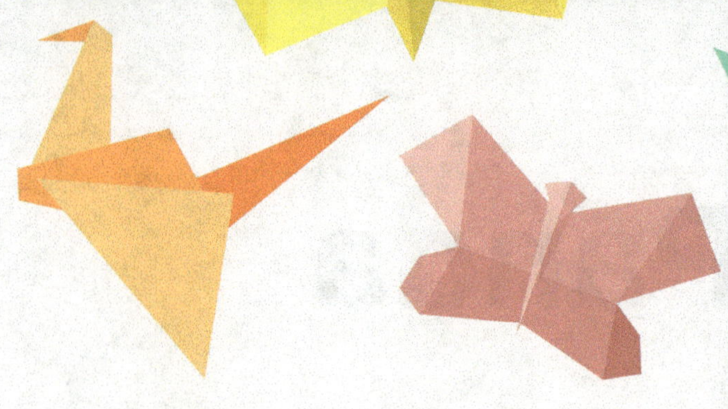

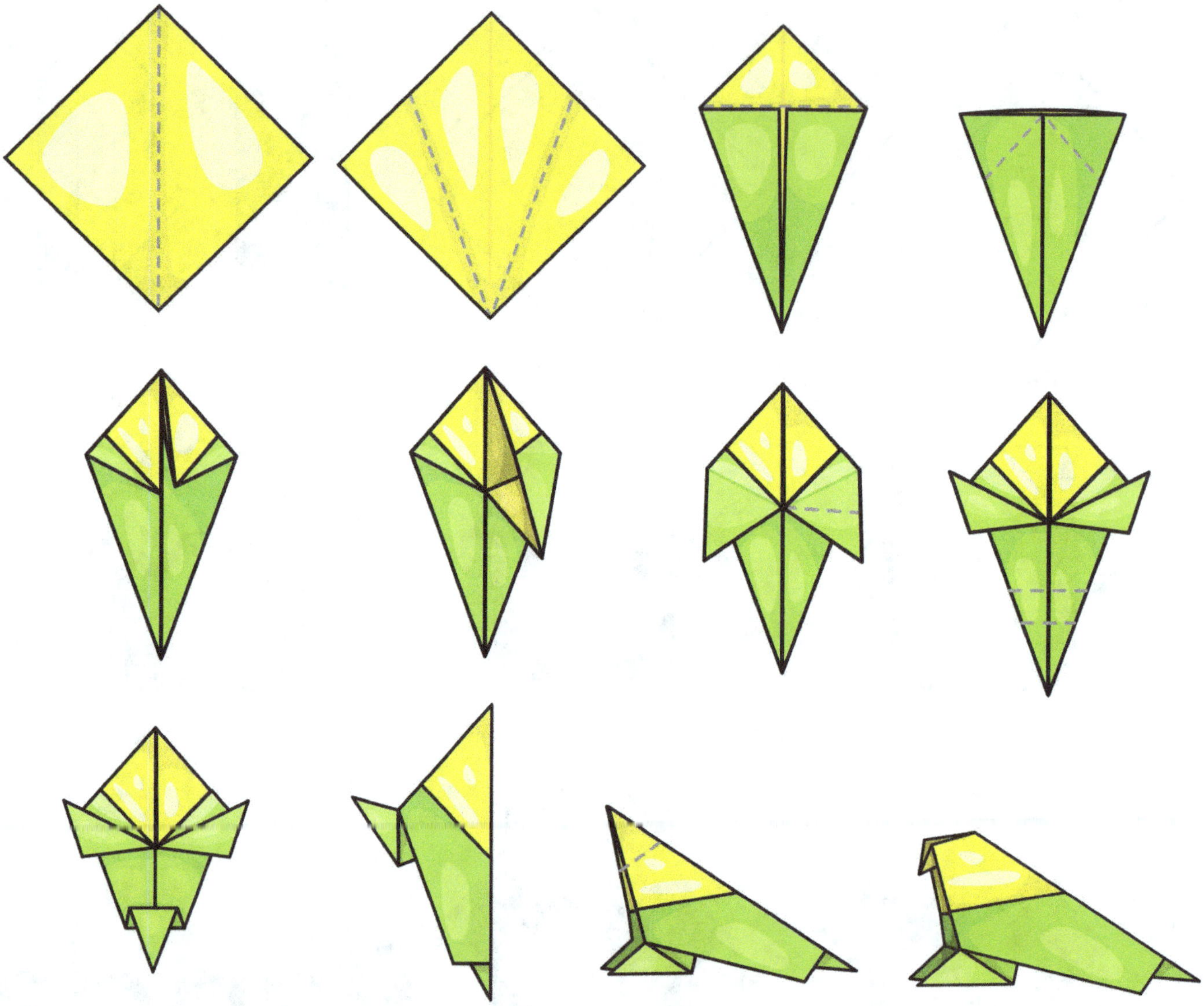

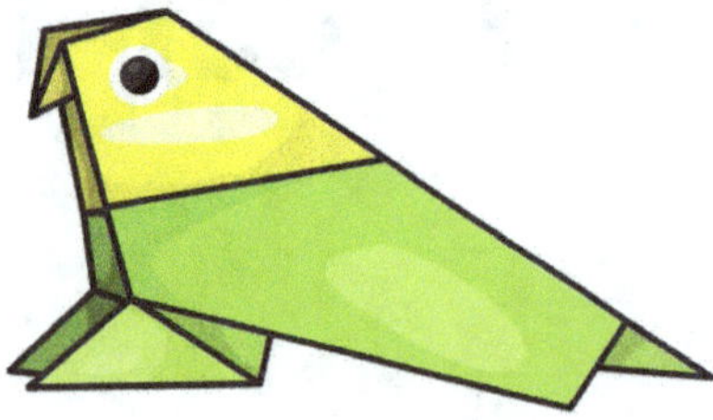

Parrot

Paon

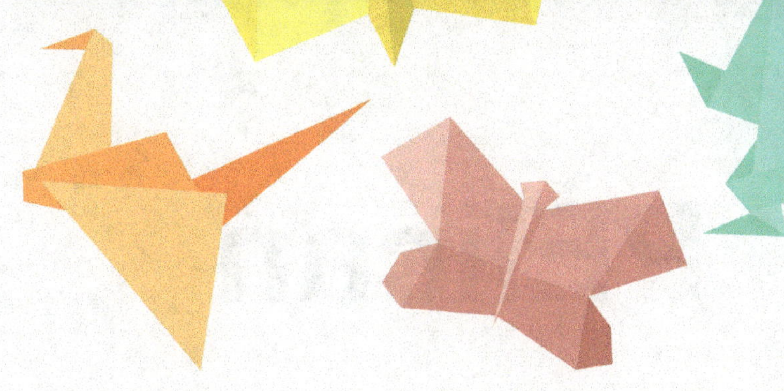

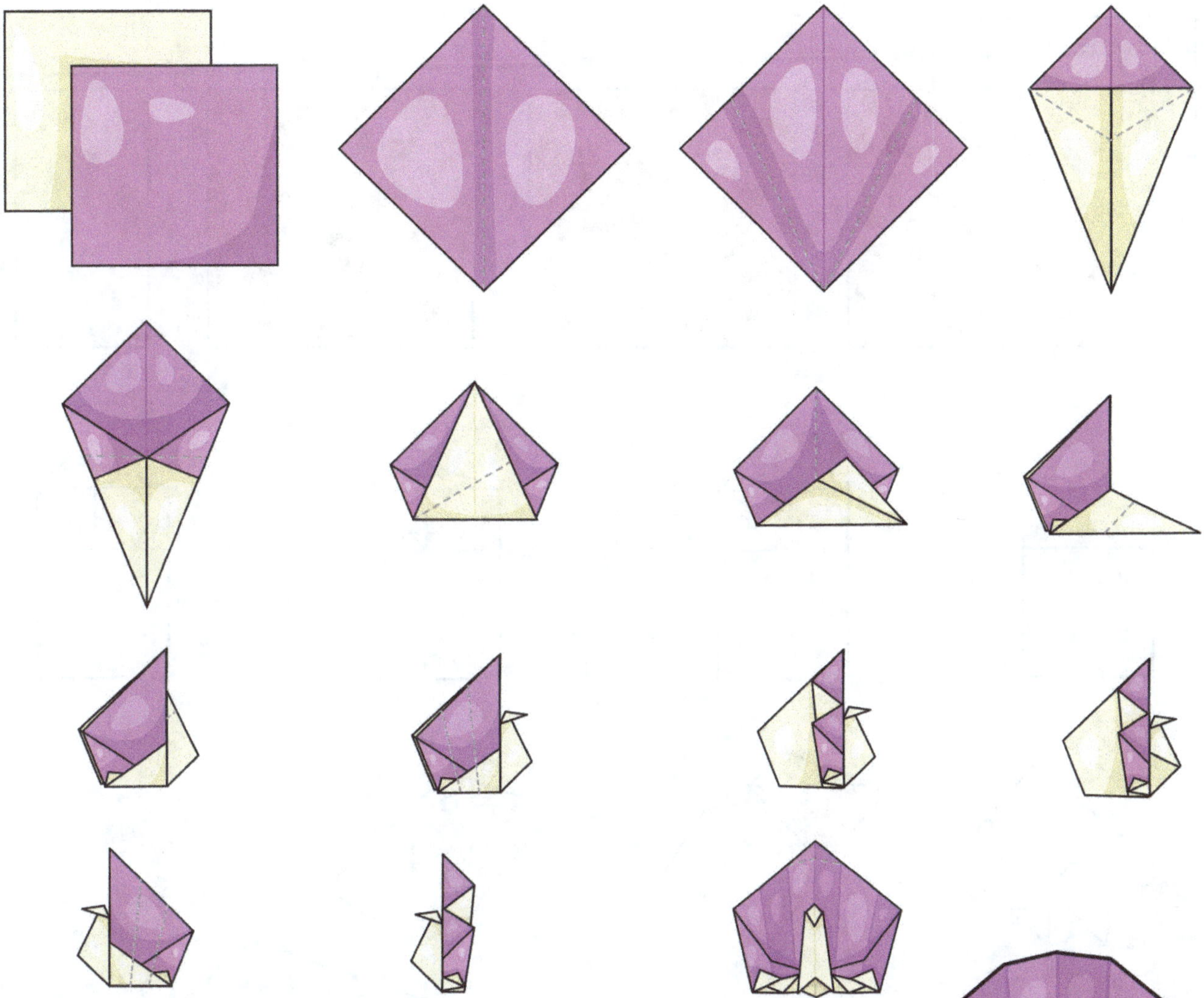

Peacock

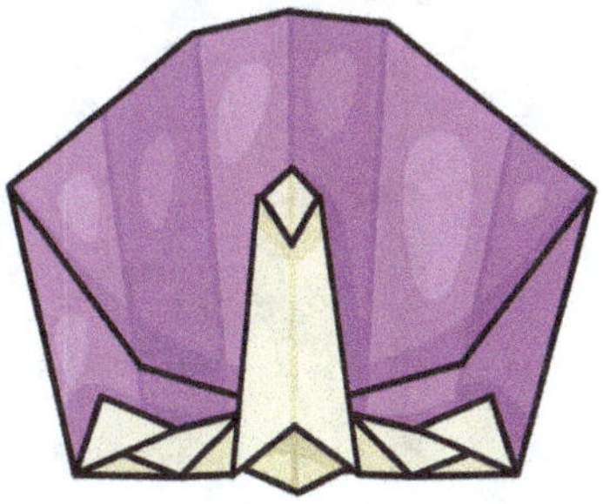

PÈlican

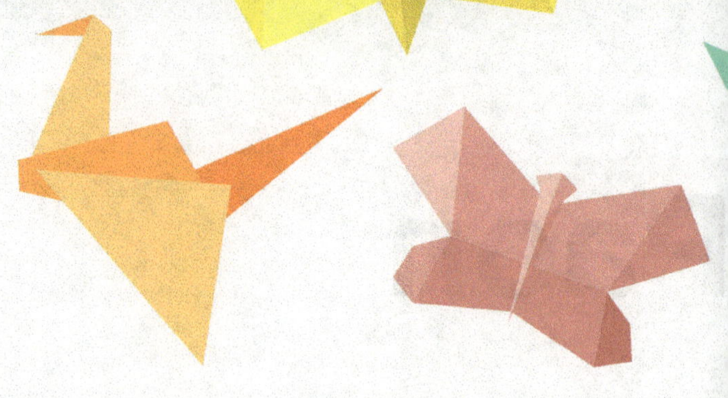

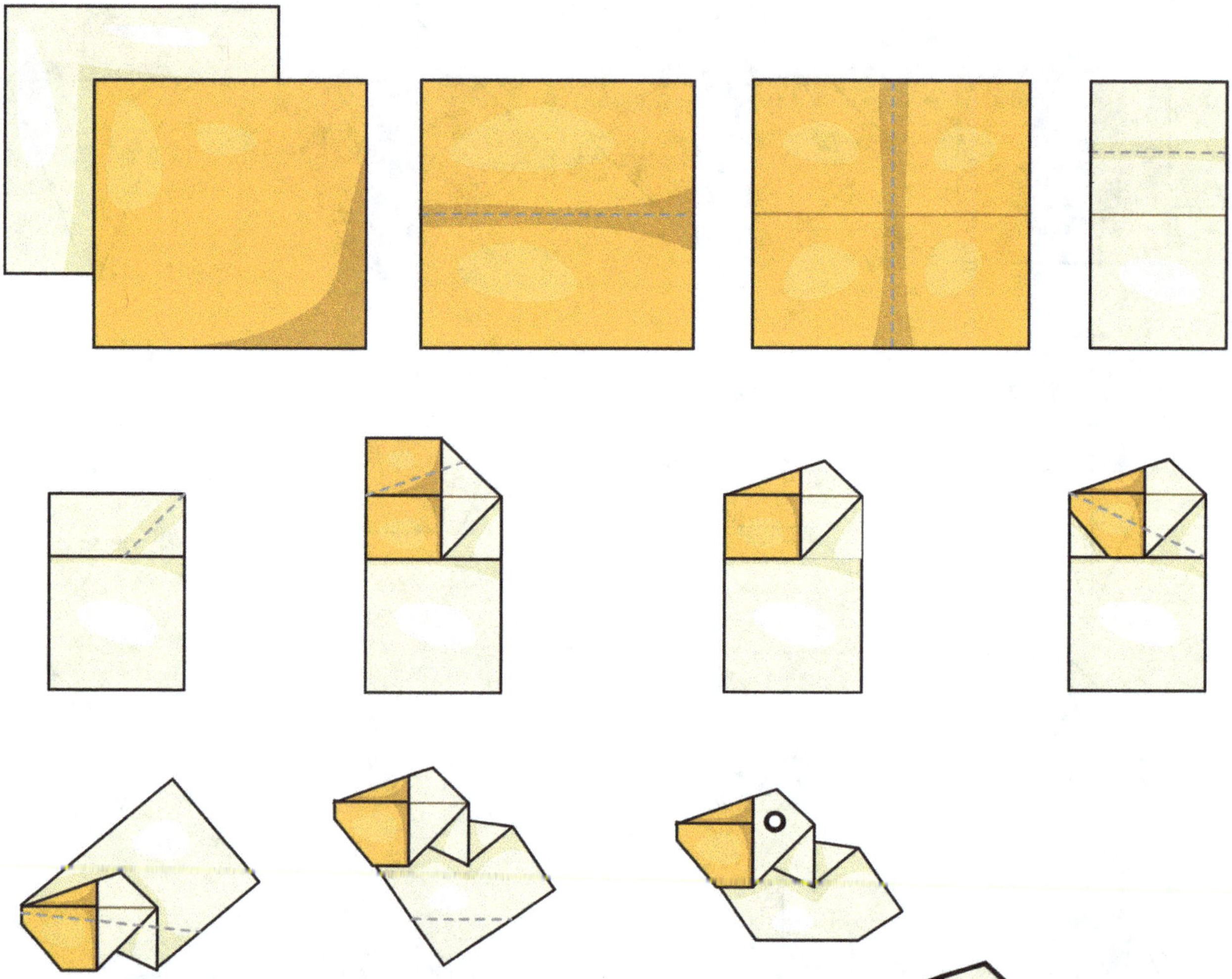

Pelican

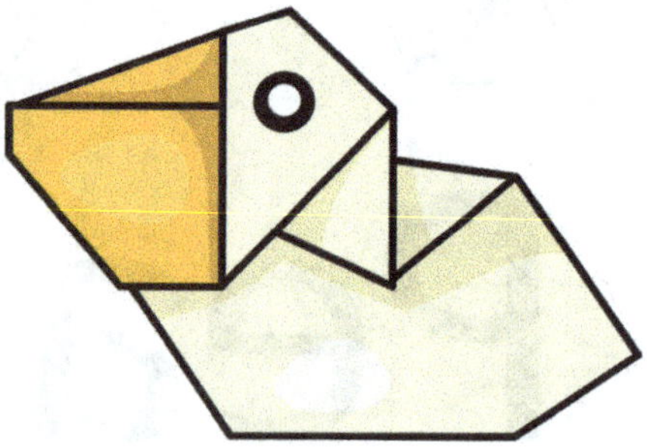

Manchot

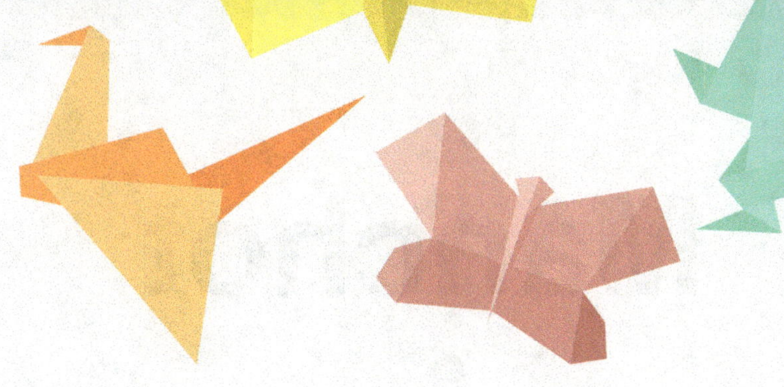

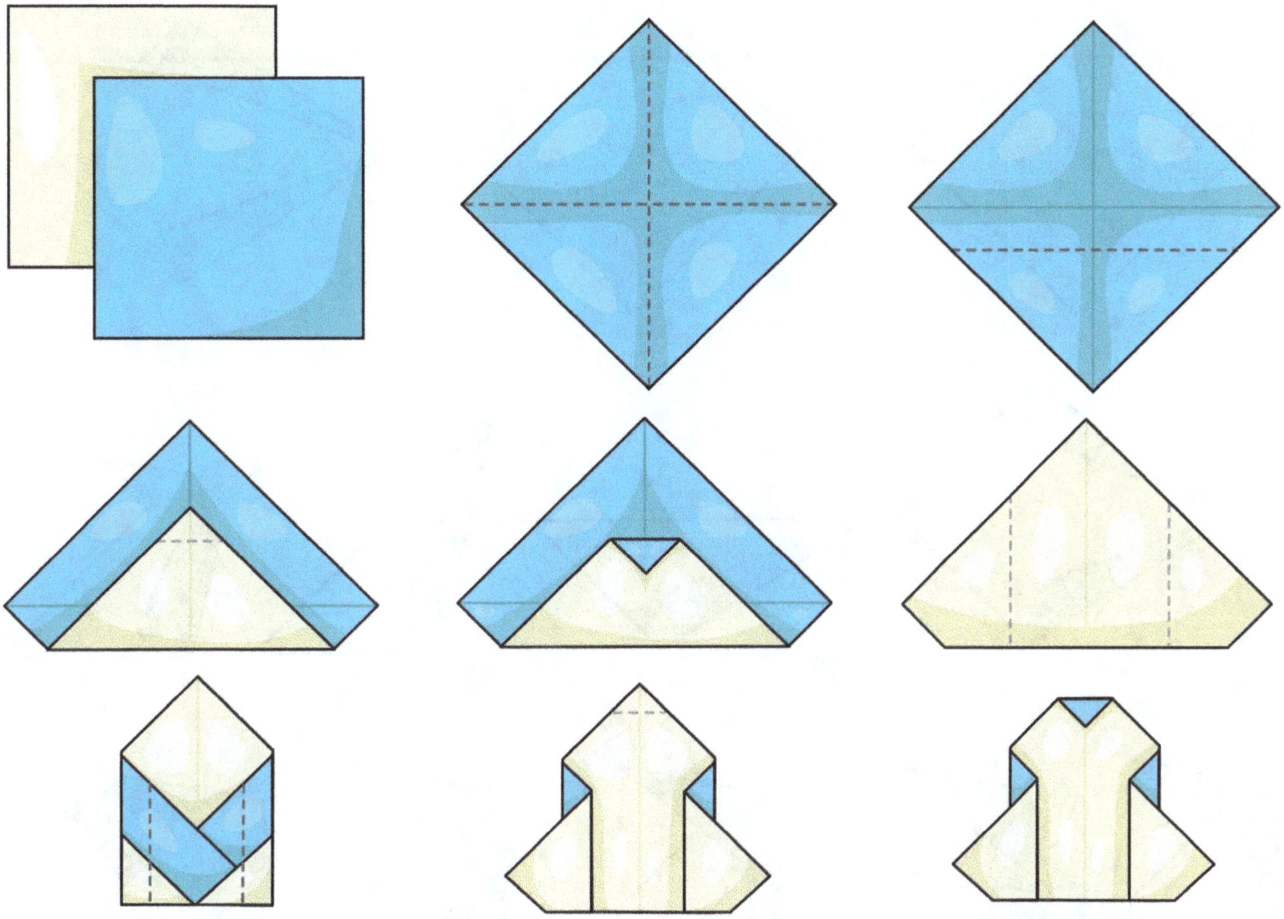

Penguin

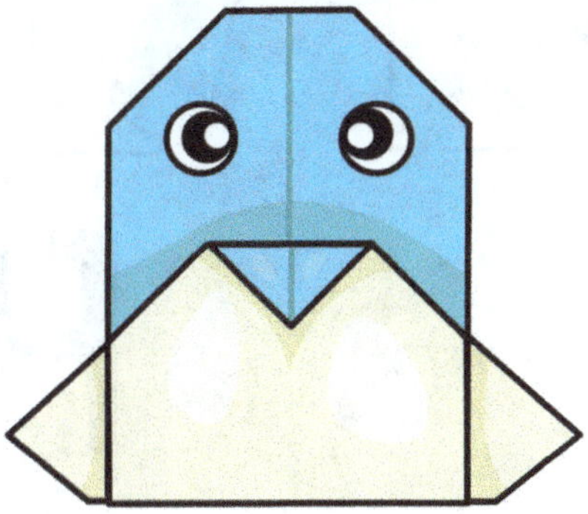

Manchot

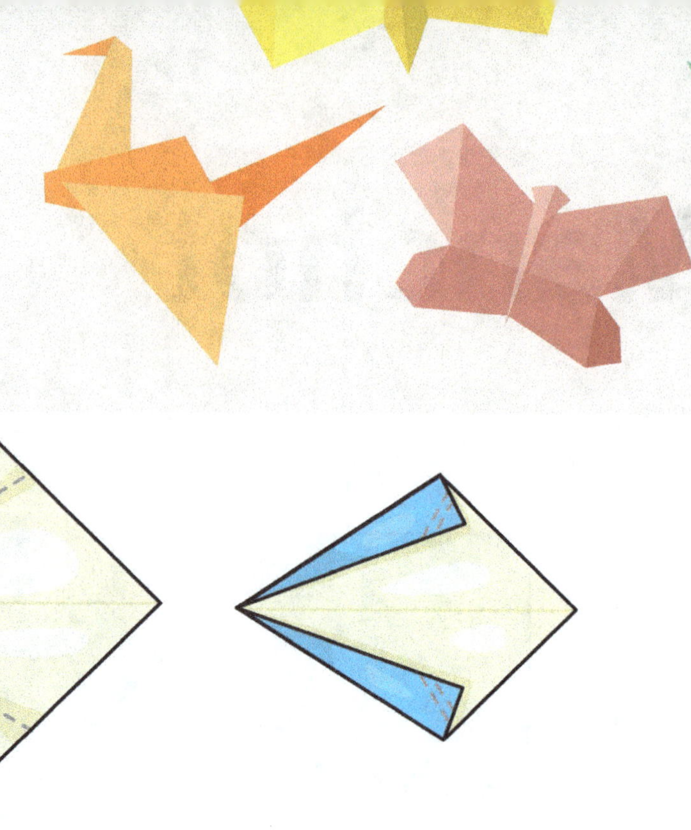

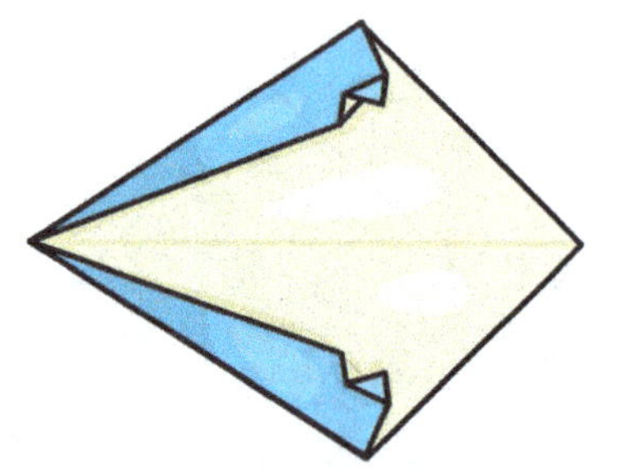 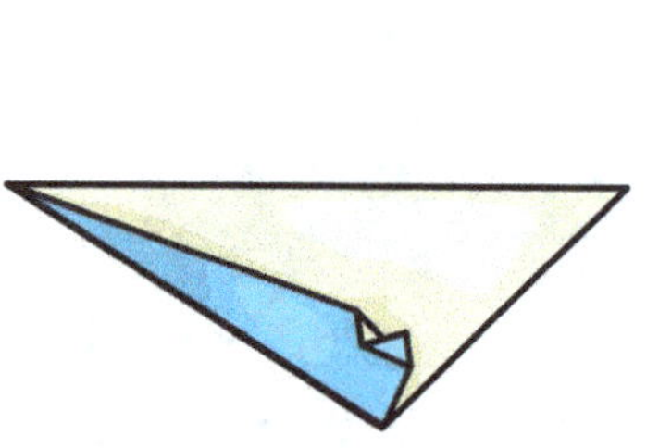 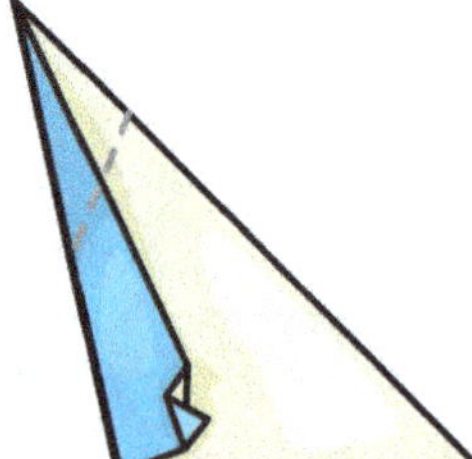 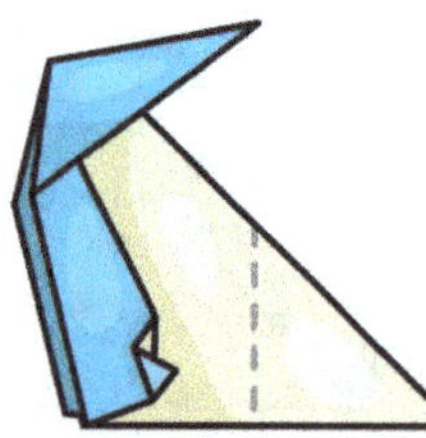

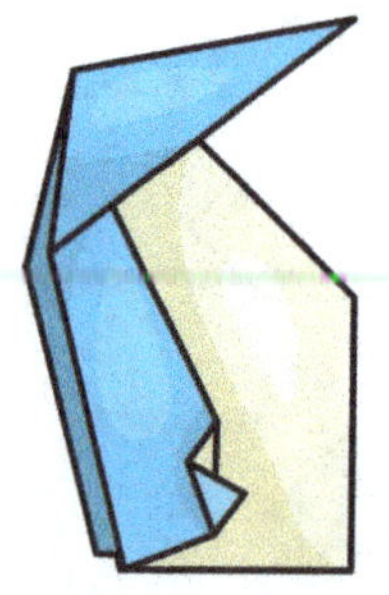 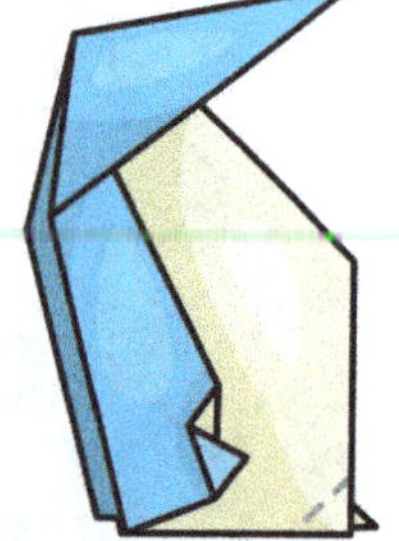 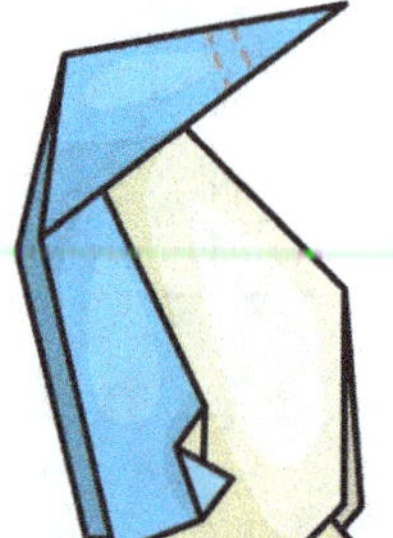 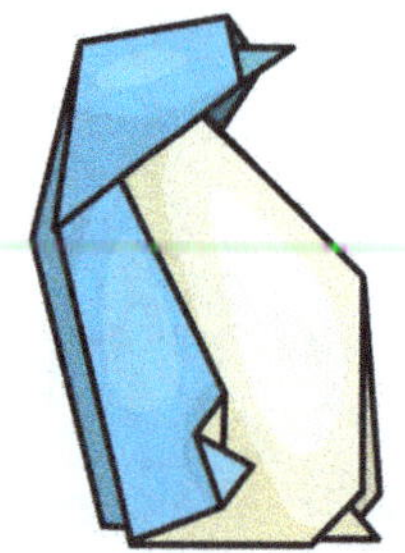 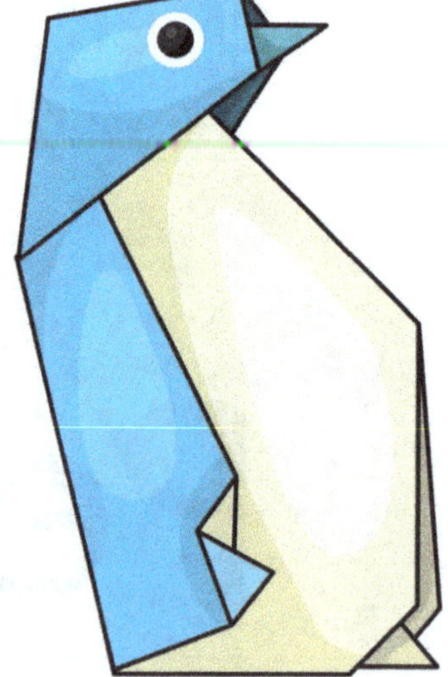

Penguin

Porc

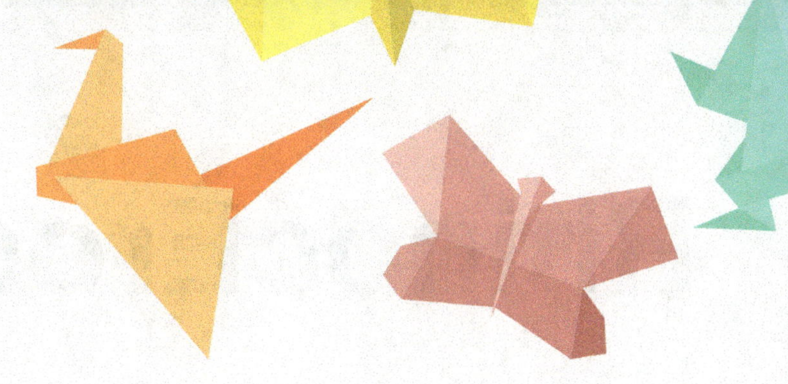

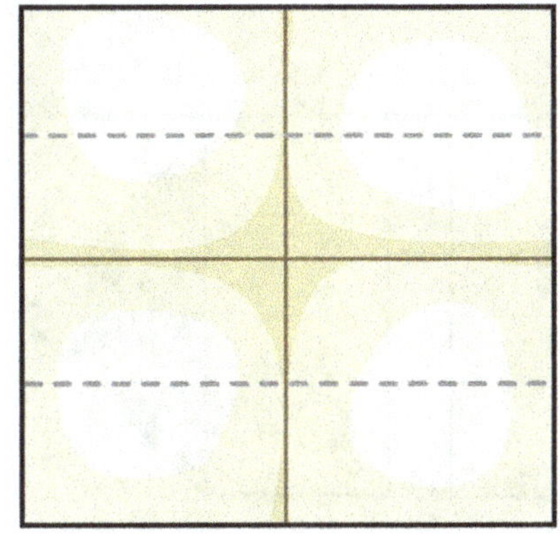

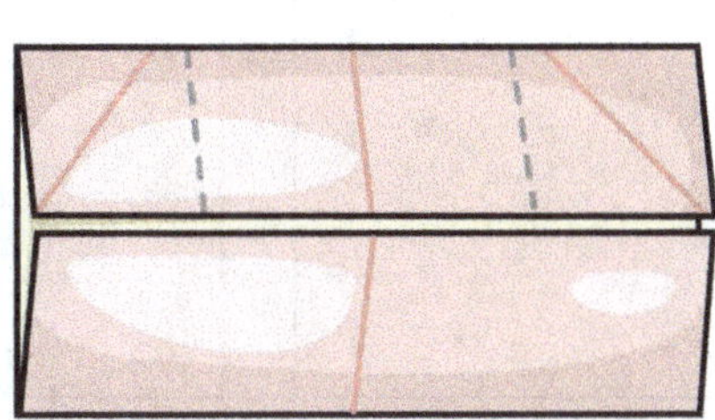

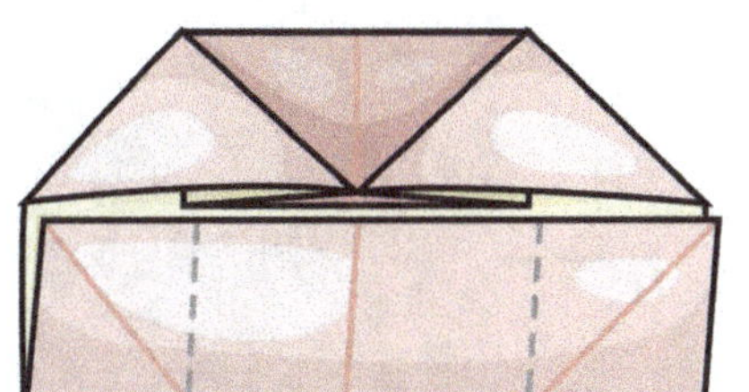

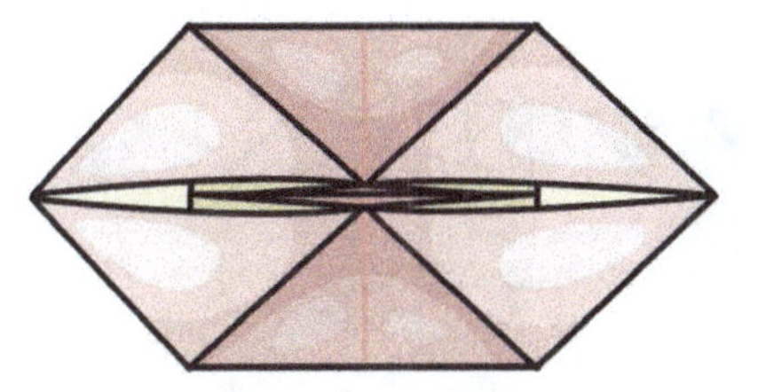

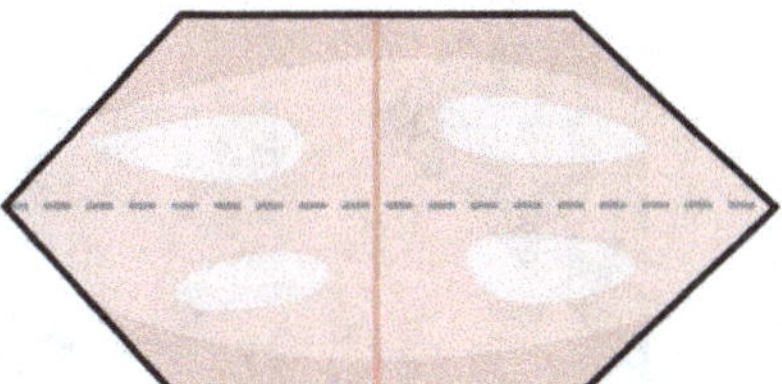

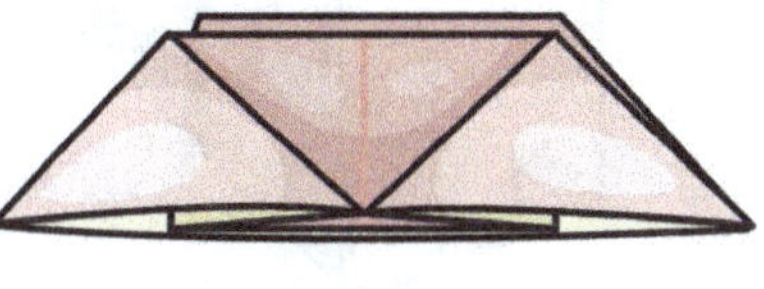

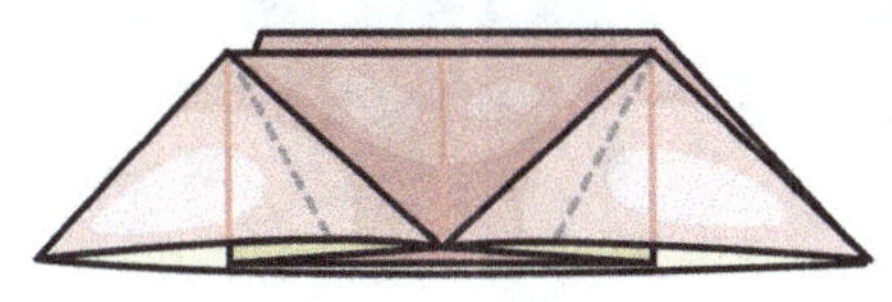

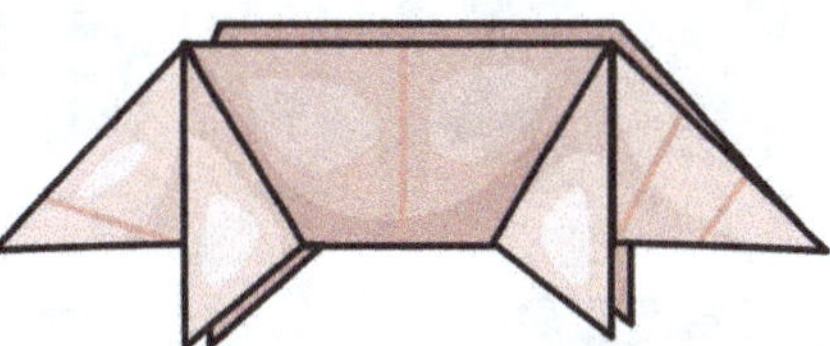

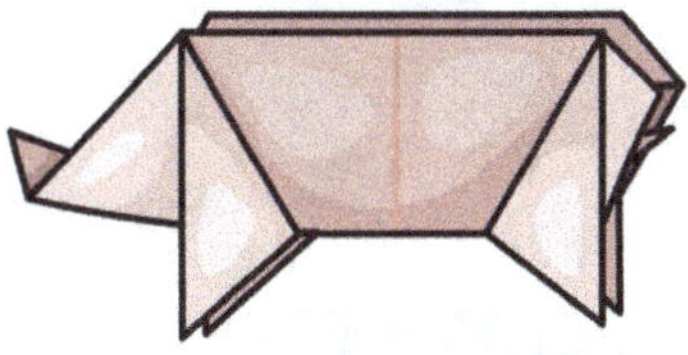

Pig

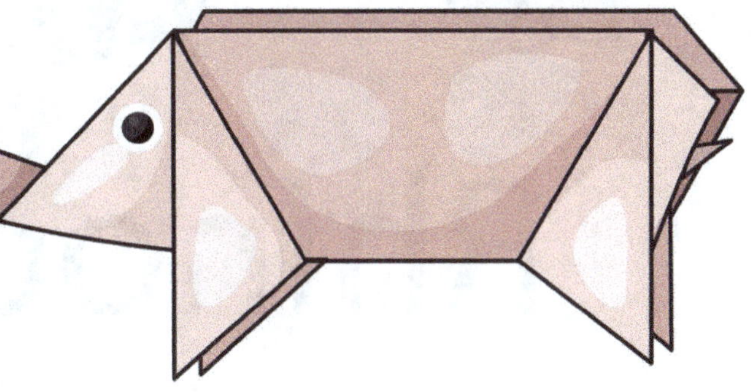

RhinocÈros

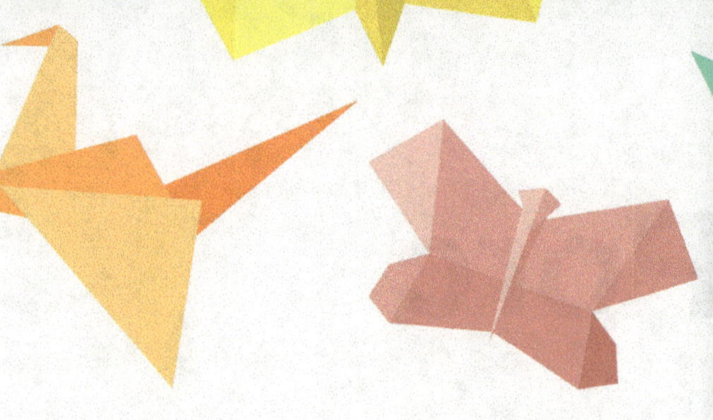

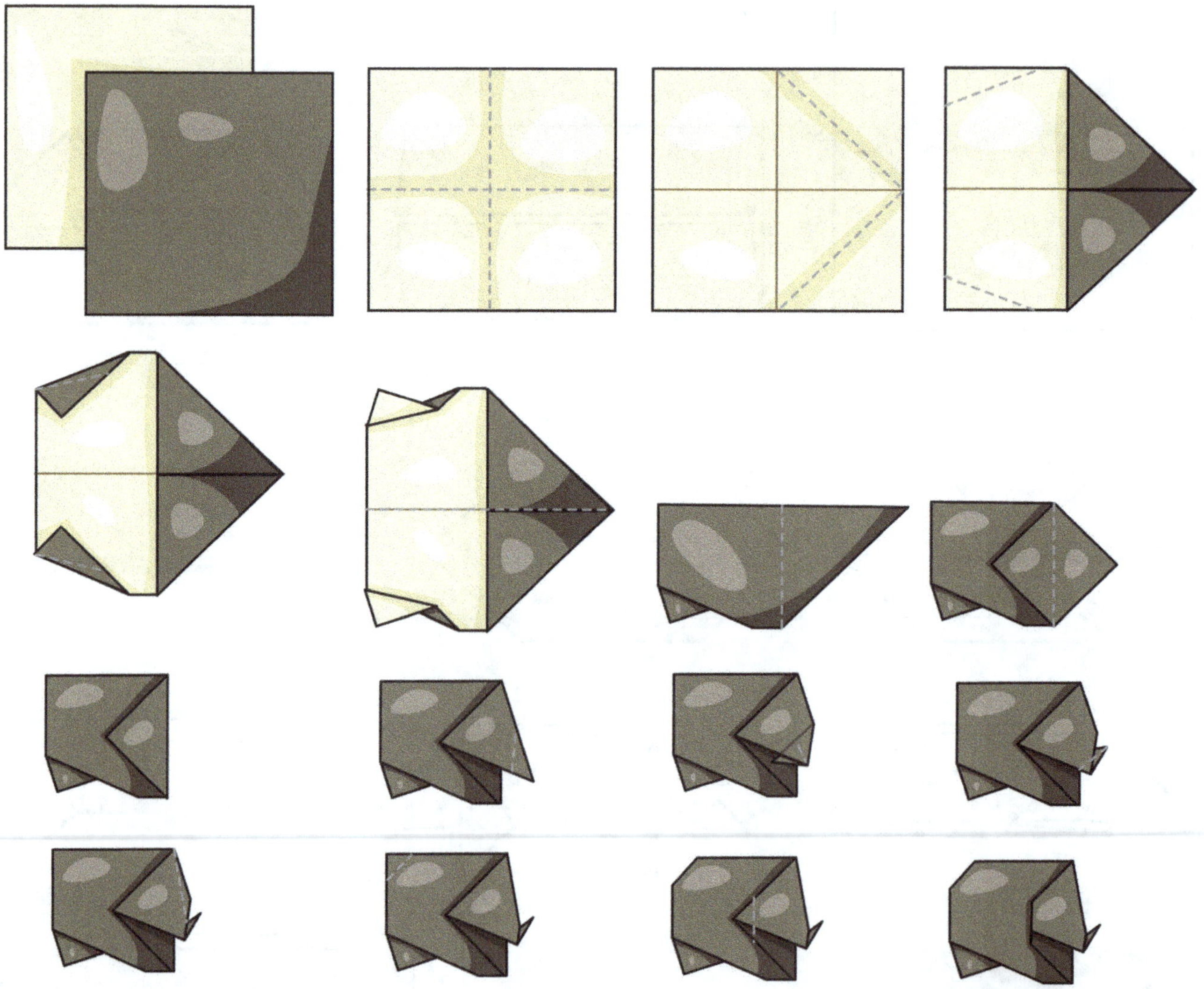

Rhinoceros

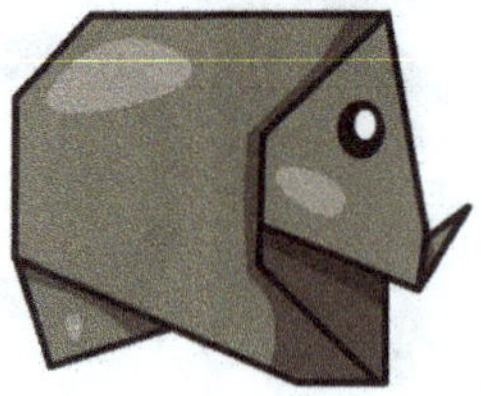

Navire

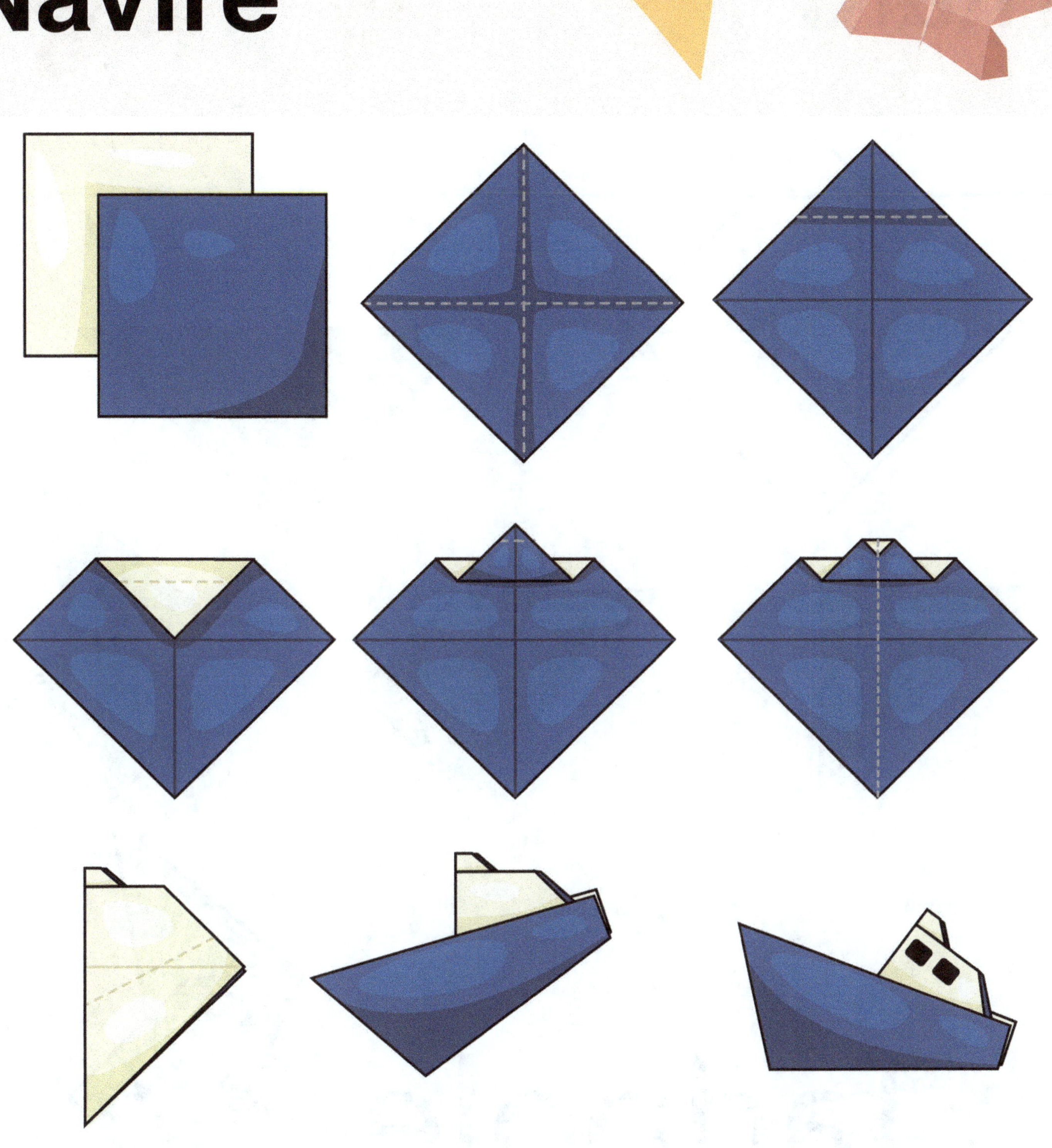

Títard

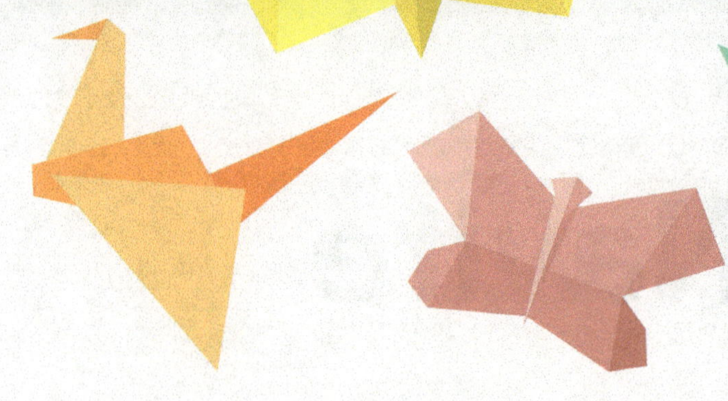

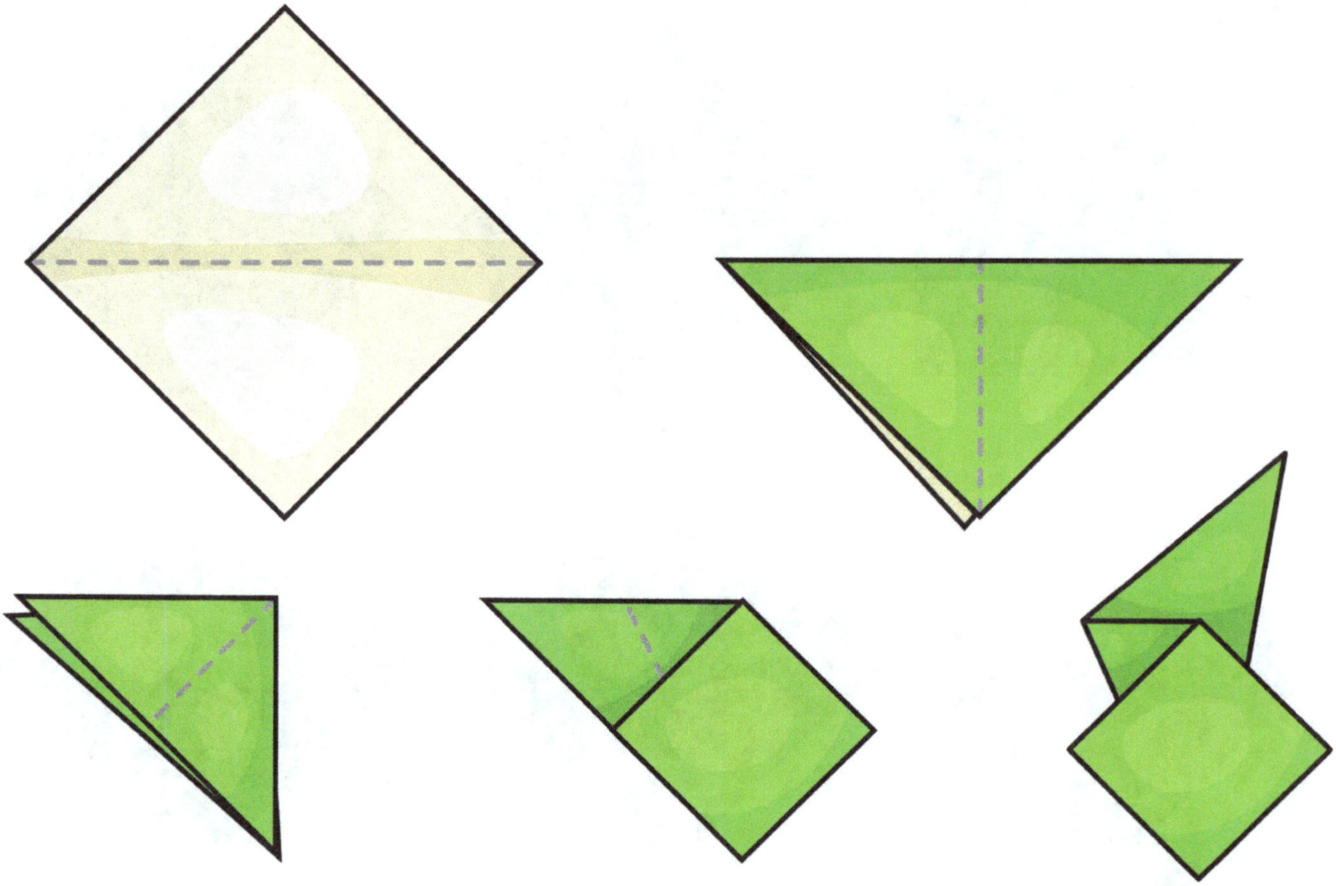

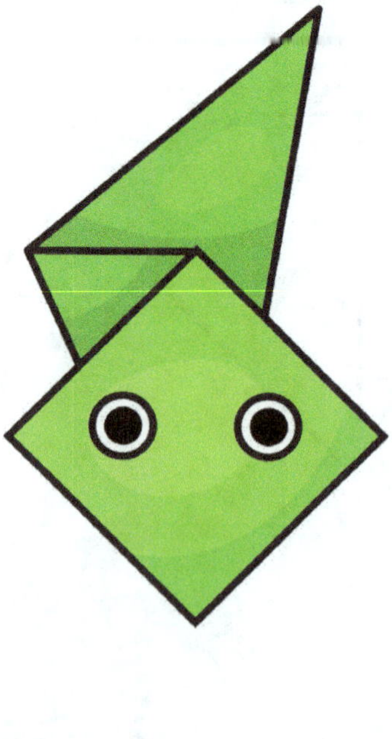

Tadpole

Tortue

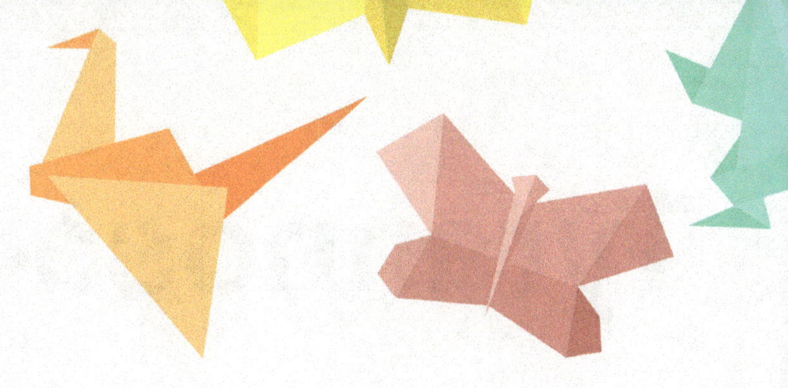

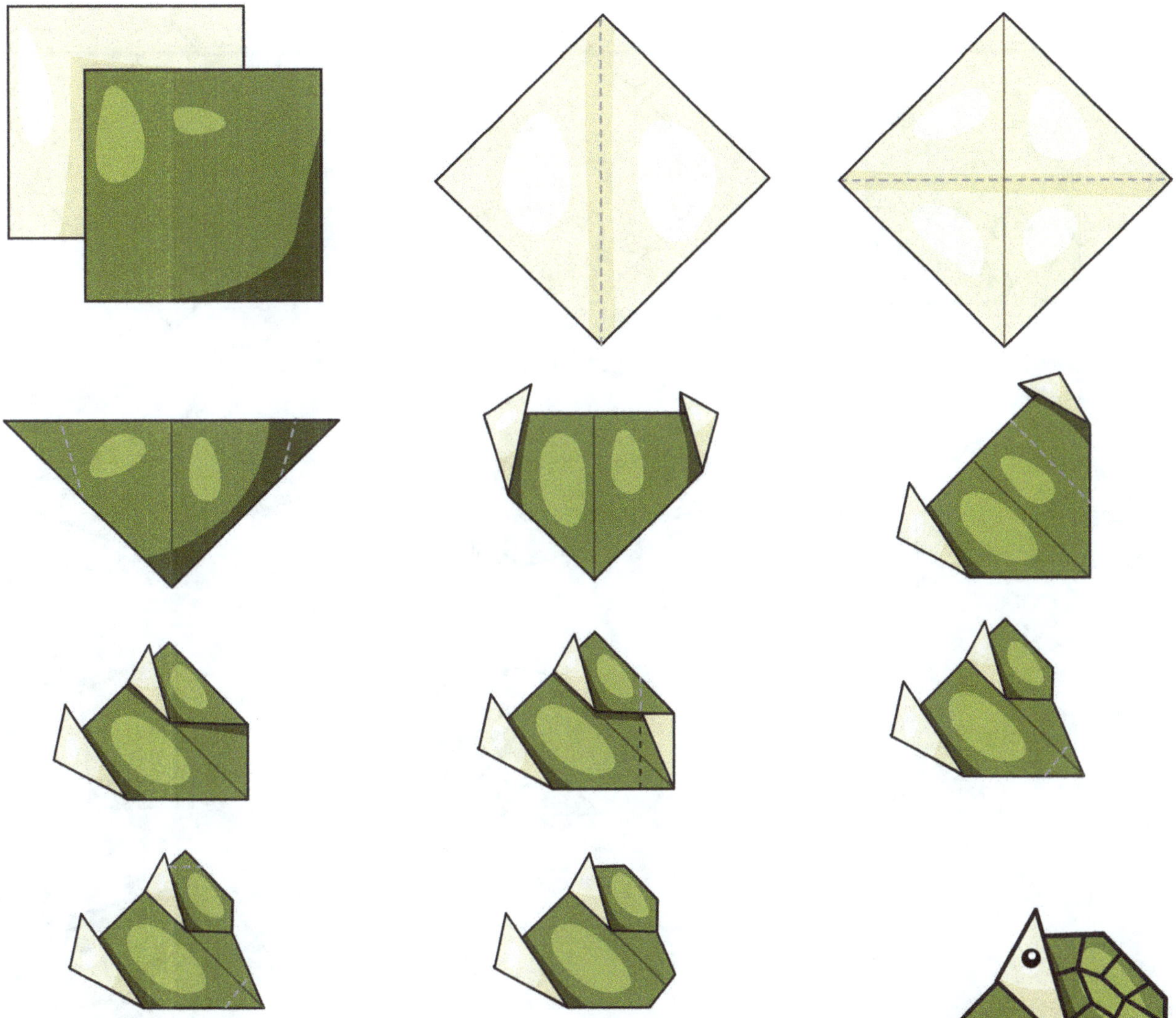

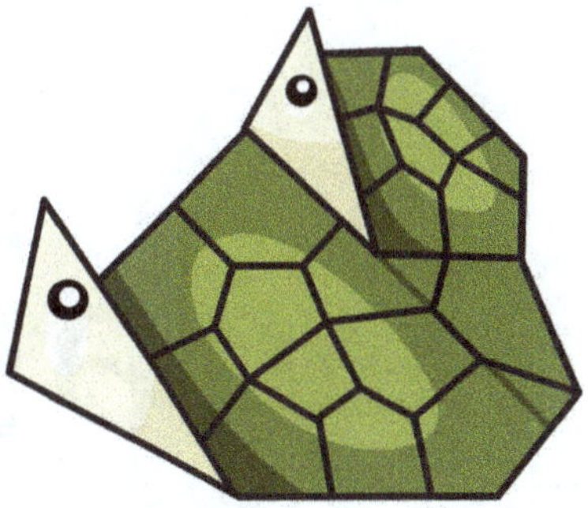

Turtle family

Tyrannosaure

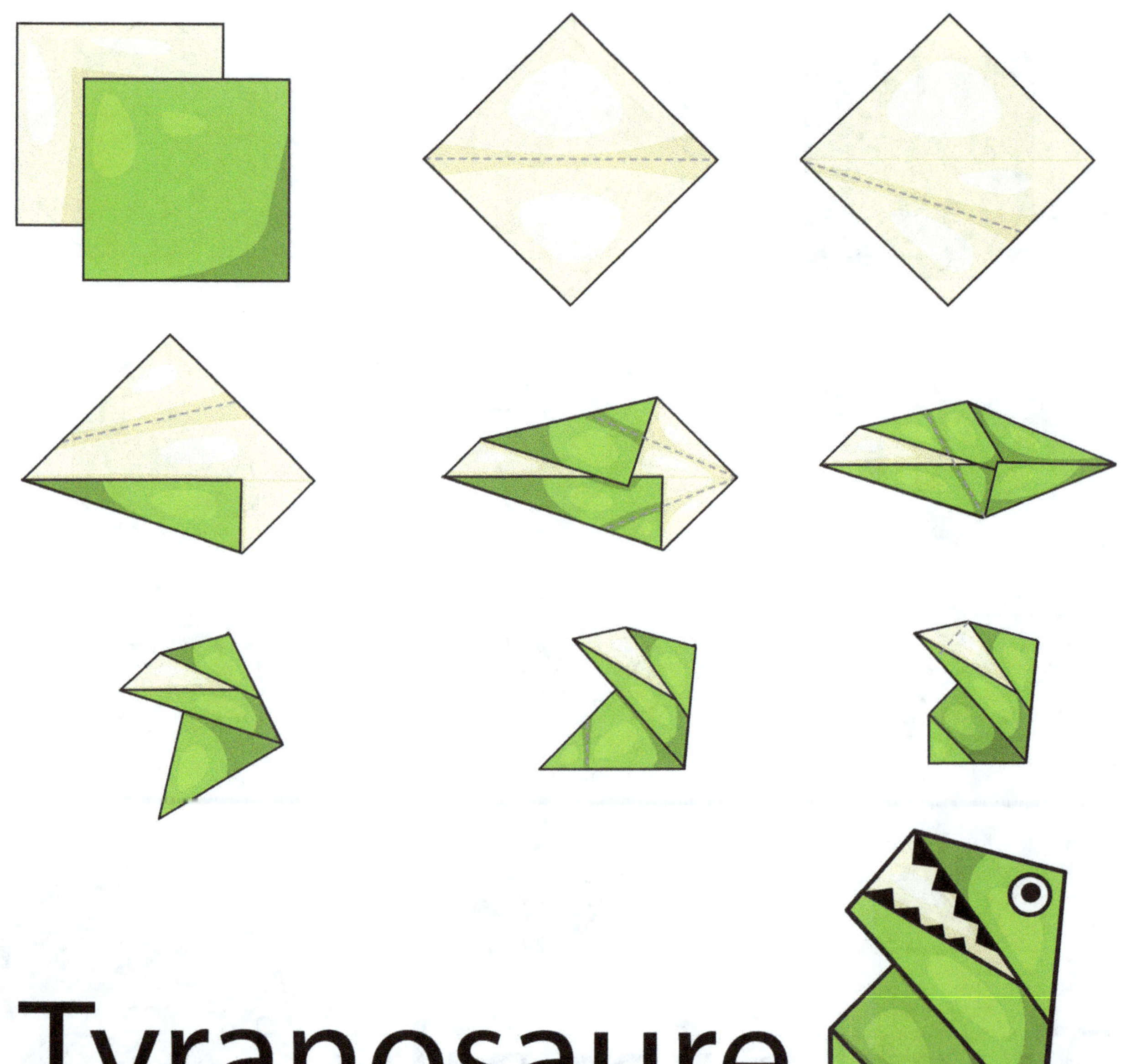

Tyranosaure

PastЁque

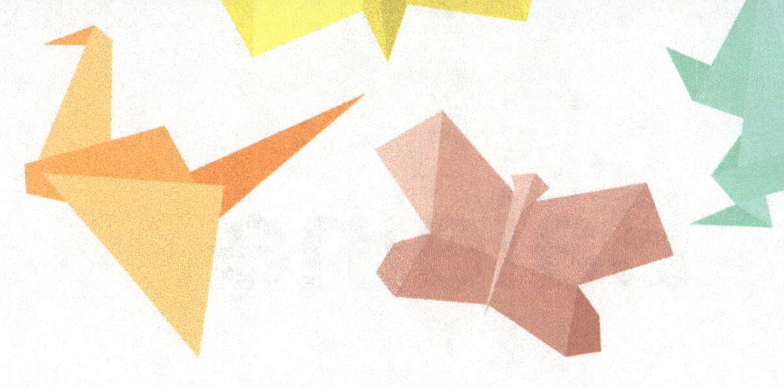

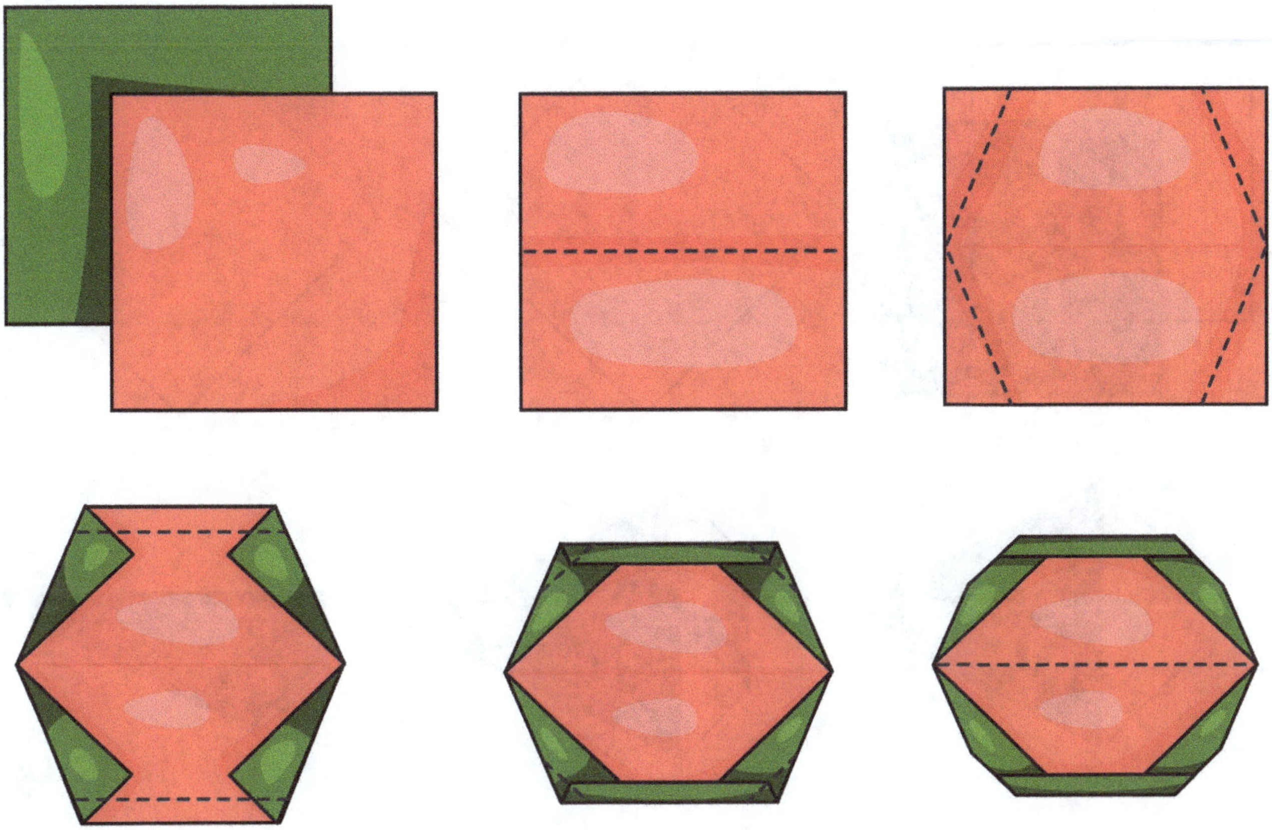

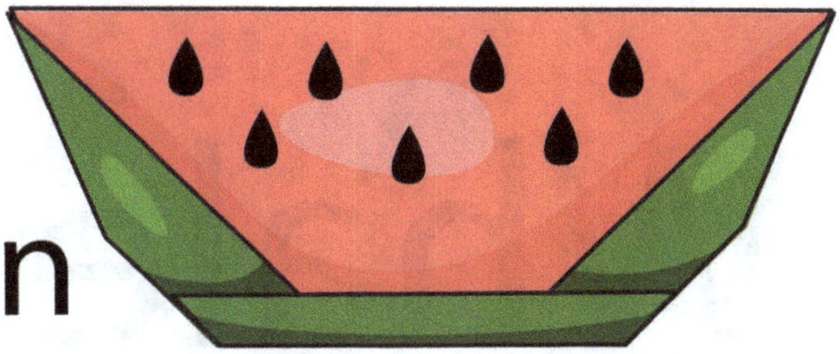

Water Melon

Baleine

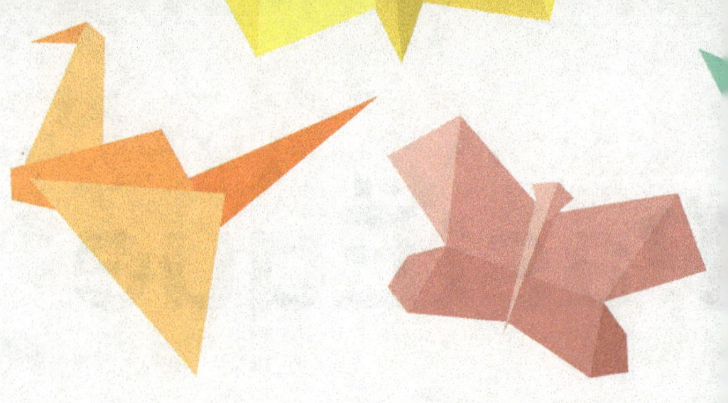

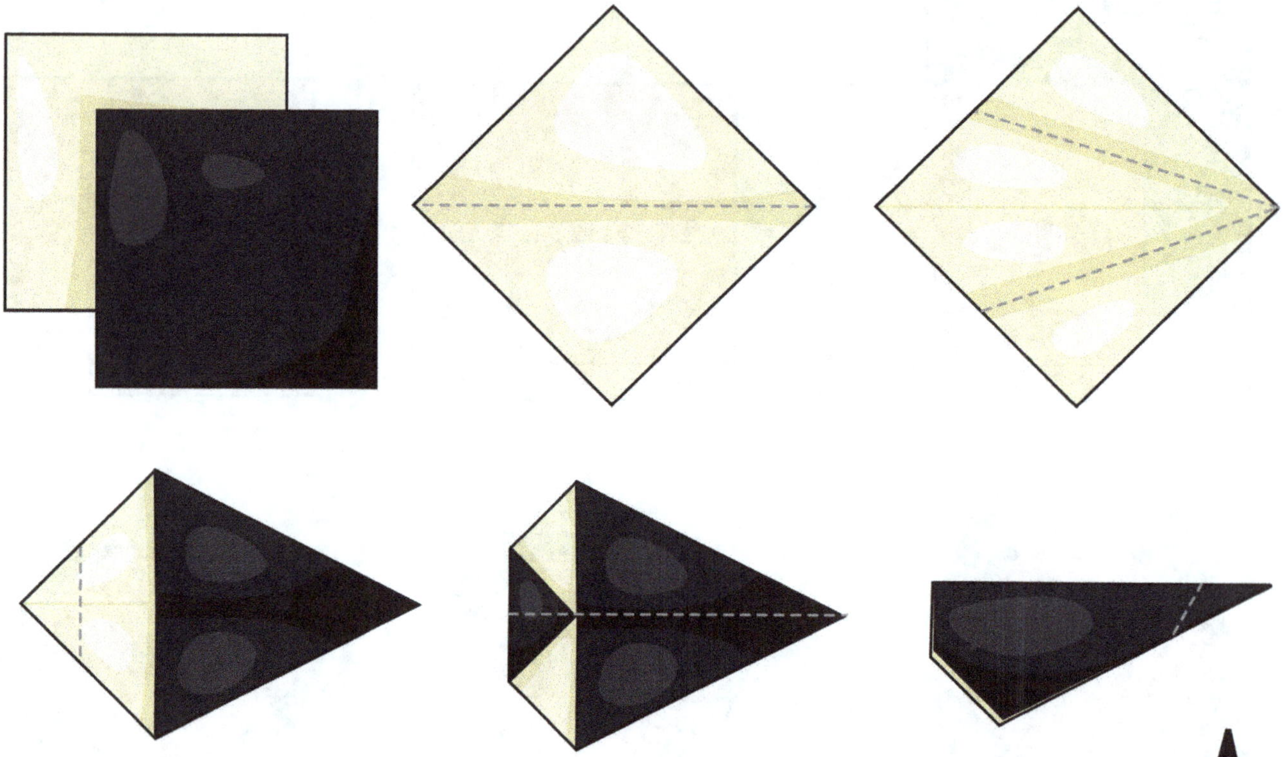

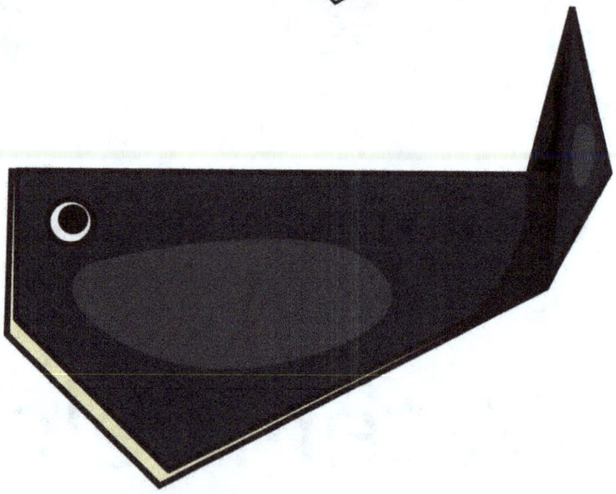

Whale

Baleine

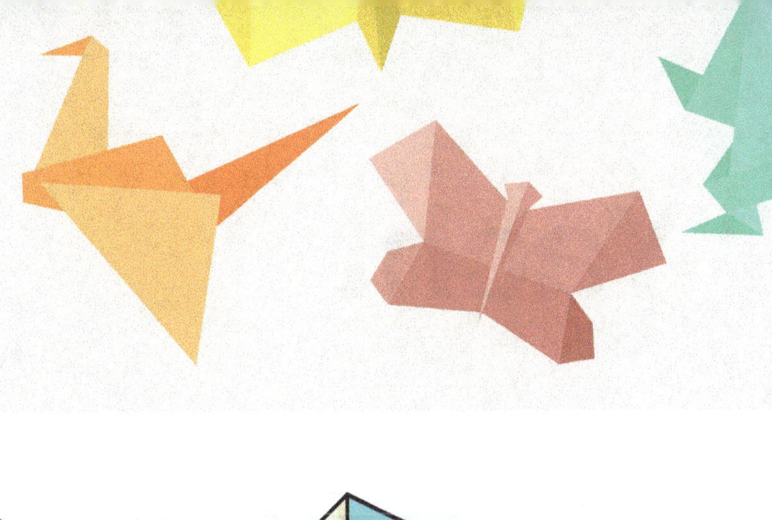

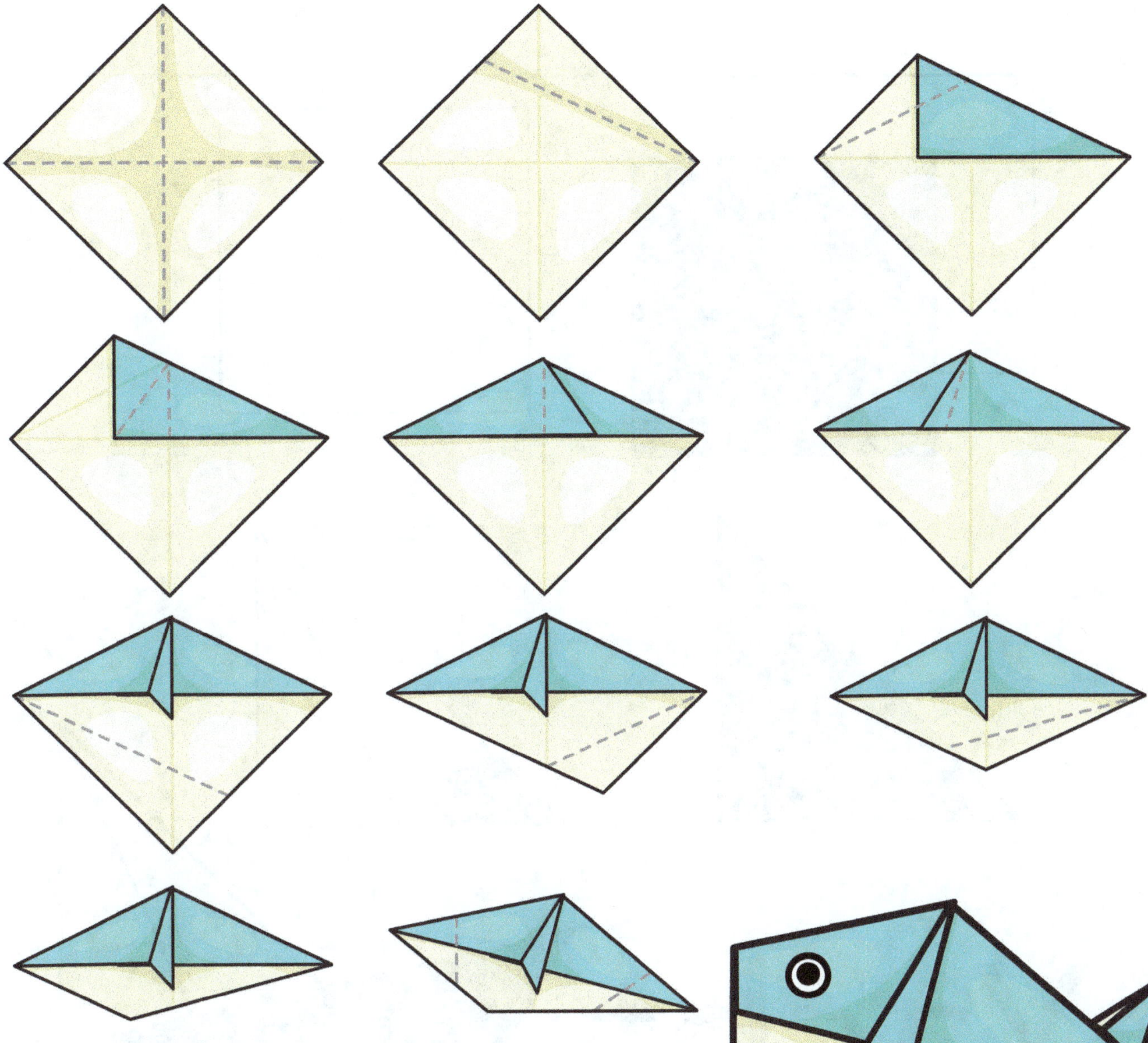

Whale 2

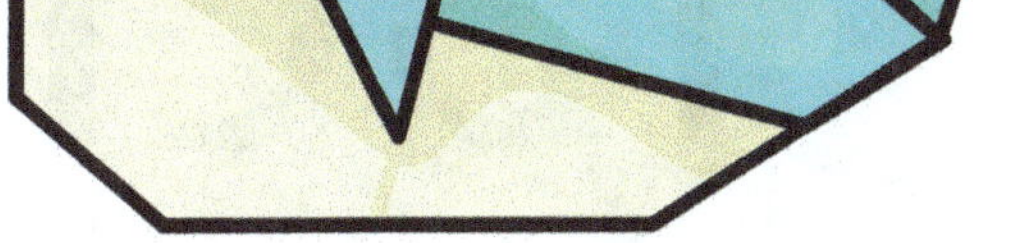

Yacht

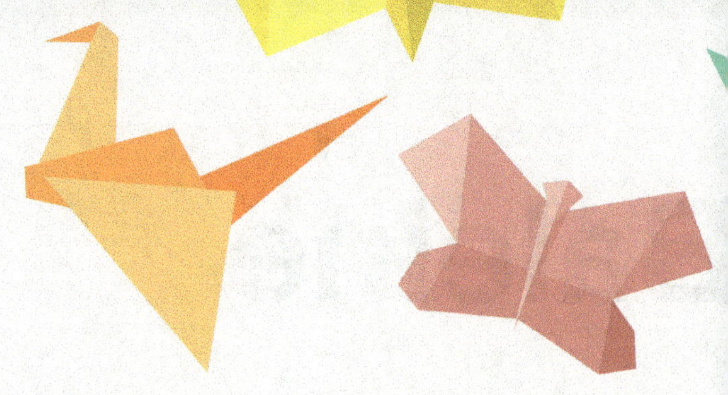

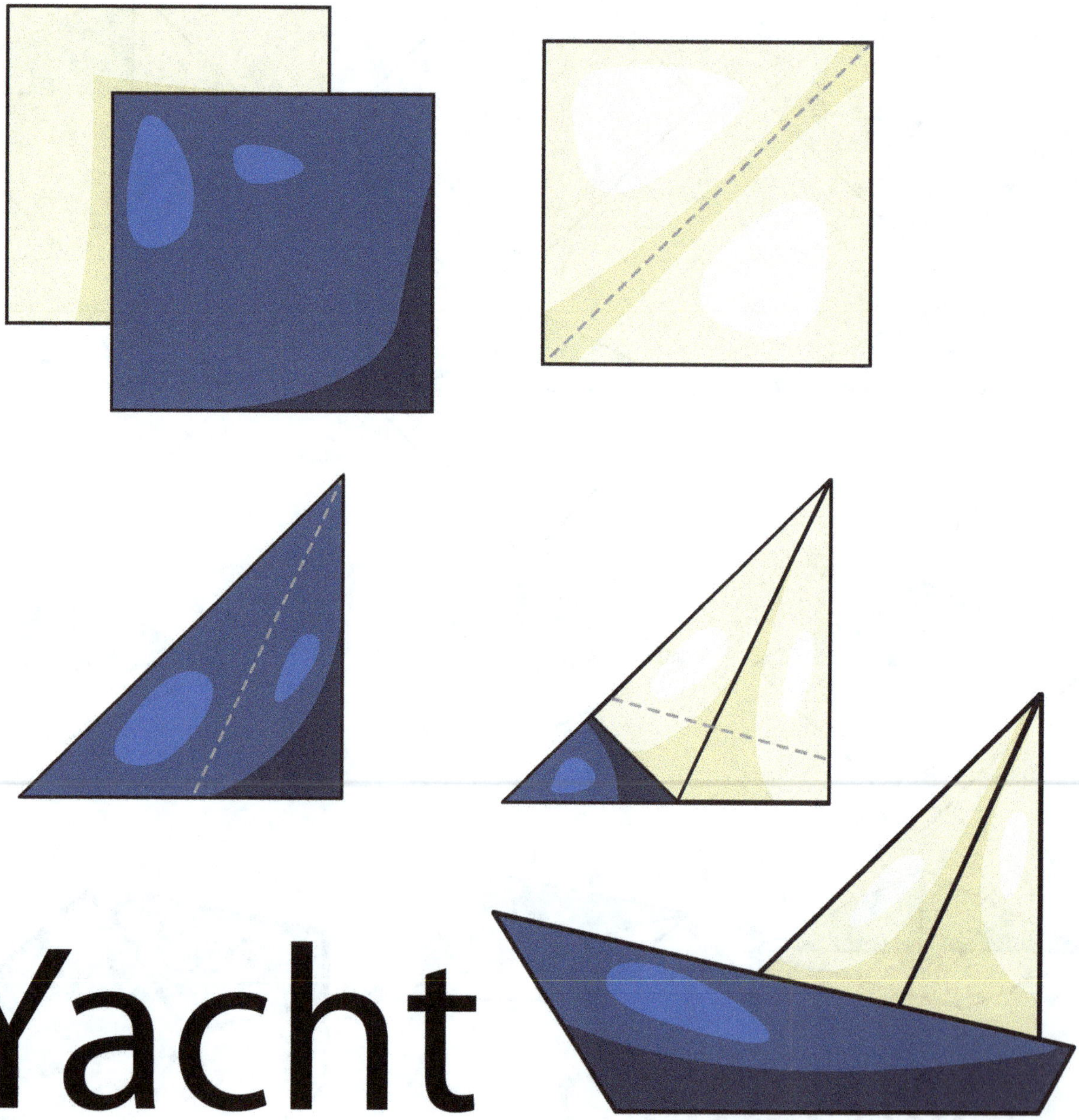

Yacht

www.ingramcontent.com/pod-product-compliance
Lightning Source LLC
Chambersburg PA
CBHW080314030726
47593CB00009B/2745